ZhongWai XiaoXue WaiYu

KeCheng BiaoZhun BiJiao YanJiu

中外小学课程标准比较研究丛书

潘洪建　刘久成　主编

中外小学外语课程标准比较研究

王骏　申卫革　易娜伊等　著

中外小学课程标准比较研究，有助于我们了解不同国家小学课程改革的背景、动态、特点，揭示课程标准研制的内在规律，拓展小学课程设计视野，提高课程编制的科学化水平；有助于我们借鉴国外的成功做法，结合我国小学教育的实际与问题，完善我国小学课程标准文本，推动我国小学课程改革的理论研究和实践探索。

甘肃教育出版社

图书在版编目（ＣＩＰ）数据

中外小学外语课程标准比较研究 / 王骏等著. — 兰州：甘肃教育出版社，2017.11（2020.10 重印）
（中外小学课程标准比较研究丛书）
ISBN 978-7-5423-4267-6

Ⅰ.①中… Ⅱ.①王… Ⅲ.①小学—外语课—课程标准—对比研究—世界 Ⅳ.①G623.302

中国版本图书馆 CIP 数据核字（2017）第 278880 号

中外小学外语课程标准比较研究

王　骏　申卫革　易娜伊等　著

责任编辑　王露莹
封面设计　石　璞

出　版　甘肃教育出版社
社　址　兰州市读者大道 568 号　730030
网　址　www.gseph.cn　　E-mail　gseph@duzhe.cn
电　话　0931-8436105（编辑部）　0931-8435009（发行部）
传　真　0931-8773056
淘宝官方旗舰店　http://shop111038270.taobao.com

发　行　甘肃教育出版社　　印　刷　山东龙岳文化传媒有限公司
开　本　787 毫米×1092 毫米　1/16　印　张 12.75　插　页 2　字　数 190 千
版　次　2017 年 7 月第 1 版
印　次　2020 年 10 月第 2 次印刷
印　数　1 001~6 000
书　号　ISBN 978-7-5423-4267-6　　定　价 38.00 元

总　序

随着全球化进程的加快，基础教育课程改革在很大程度上就是借鉴他国改革经验、满足本国发展需要、不断融于国际教育改革大潮的过程。由于各国的社会制度、文化传统和教育政策不同，其课程理念、内容、结构和形式均存在诸多差异，但也存在一些共同趋势。纵观已有研究，小学课程改革的比较研究还不够全面、系统。从研究涉及的国别来看，有关美国、加拿大、英国、日本、澳大利亚的课程评介稍多，其他国家的甚少；从研究的内容来看，局限于某一方面(如课程目标、教材内容、教学方法)的比较研究较多，而对课程进行整体比较研究的较少。为此，我们选择了五大洲的一些代表性国家现行的小学课程标准和改革文献进行研究，并与我国小学课程标准进行比较。中外小学课程标准比较研究，有助于我们了解不同国家小学课程改革的背景、动态、特点，拓展小学课程设计视野，揭示课程标准研制的内在规律，提高课程编制的科学化水平，推动我国小学课程改革与发展。

该项研究属于国际教育比较研究，它是将国外最新颁布的小学课程标准与我国当前正在实施的小学课程标准进行横向比较。比较研究涉及的国家有欧洲、美洲、亚洲、非洲、大洋洲的众多国家，涵盖小学五个学科：母语、数学、外语、科学、社会。每一科目比较研究主要探讨的问题包括：

1. 课程标准文本的形成和起源。课程标准文本是怎么形成的，什么情境、问题引发了此种课程的开发；该课程标准试图回应的是什么社会、经济、政治、文化和教育问题，哪些因素决定了该课程的开发过程；课程表现的是什么视角或理念，课程设计的基本思路是什么，其理论基础和基本原则有哪些。

2. 课程的目标。课程目标的维度与层次是如何划分的；课程目标是如何表述的；课程目标的类型有哪些；课程目标背后所蕴藏的预设是什么。

3. 课程的内容。课程内容的构成有哪些；课程内容的选择准则是什么；课程内容是如何组织的；课程内容的广度、深度如何平衡；课程内容是否考虑到多元文化及其教育功能；隐含在课程内容选择与组织背后的理论假设有哪些。

4. 课程的实施。课程标准在课程实施方面提出了哪些建议，在政策、法规、时间、物质等方面对课程实施有何要求；教学中应当处理好哪些关系。

5. 课程的评价。不同国家课程标准对课程评价理念、评价主体、评价标准、评价方法有哪些建议与要求，这些建议与要求能否判断课程目标的达成程度？

6. 课程改革的启示。国外不同课程标准存在的共性、差异有哪些，其基本走向是什么；国外标准能为我国小学课程改革与课程标准完善带来哪些有益启示；我国当下的课程标准应该做哪些调整与改进，相关的政策建议有哪些？

该项研究的主要特色有：

1. 比较研究所涉及的国家范围较广。从已有研究涉及的国家来看，有关欧美等发达国家的课程评介与比较较多，研究其他国家的较少。本研究涉及的国家范围有欧洲、美洲、亚洲、非洲、大洋洲五大洲共十六个国家，包括英国、德国、俄罗斯、芬兰、荷兰、爱尔兰、美国、加拿大、日本、韩国、新加坡、印度、泰国、南非、澳大利亚、新西兰。

2. 比较研究的学科较为齐全。包括小学主要科目，如数学、语文、社会、科学、外语。音乐、美术、体育科目因较为特殊未列入其中。

3. 比较研究的内容较为系统、完整。包括课程文本形成背景、课程理念、课程目标、课程内容、课程实施和课程评价等内容；考察不同国家小学课程的诸多异同，探讨这些异同产生的原因，厘清它们之间的复杂关系。

小学课程比较研究是小学课程改革与发展的一项基础性工作，有助于我们借鉴国外的成功做法，结合我国小学教育的实际与问题，完善我国小学课程标准文本,推动我国小学课程改革的理论研究和实践探索。

"他山之石,可以攻玉。"丛书作者广泛搜寻研究资料,耗费了大量时间、精力,付出了艰辛的劳动。但囿于资料、学识和视野,研究可能存在不少疏漏与错误,恳请读者批评指正。

该套丛书的出版得到扬州大学出版基金的资助,特别致谢!

《中外小学课程标准比较丛书》编委会

2017 年 1 月

扬州瘦西湖畔

目　录

前　言

　　英语作为应用最广泛的一门世界性语言,是我国基础教育阶段的必修课程。小学英语课程标准是小学英语课程实施的基本依据。2012 年,教育部颁布的《义务教育英语课程标准(2011 年版)》是目前我国小学英语教材编写、课程设计、课程评价的依据。英语作为一门重要课程,无论在我国学校课程实践还是学生个人精力投入方面,都占有重要地位,但是我国学生英语学习情况还存在着一些公认的问题,比如重考试轻应用、"哑巴英语"现象普遍存在,等等。"他山之石,可以攻玉",我们通过对英语课程标准的国际比较,研究发现其他国家英语课程标准以及课程实践的特点和优势, 以此为我国小学英语课程标准的进一步修订和课程改革提供参考。

　　本书通过对芬兰、南非、泰国、日本、韩国、澳大利亚、加拿大等七个国家小学外语课程标准的研究,比较了中国与这些国家在课程理念、课程目标、课程内容、课程实施、课程资源建议、课程评价等维度上的异同。通过横向比较研究,总结国外小学外语课程标准的基本特点,同时参照国外小学外语课程实施的基本情况,反思我国小学英语课程标准和课程实践的主要问题, 最后对我国小学英语课程标准以及课程实施提出了建议。本书撰写的目的是为我国小学英语课程标准的修订以及小学英语课程改革提供参考。

　　中外比较研究的难点是资料的掌握和翻译。由于文化传统、语言习惯等问题,我们在翻译过程中仍然无法避免对文献原意进行确切翻译的障碍。解决这个问题的办法是群策群力,师生反复研讨,尊重文献客观含义,尽力做到准确翻译。

参与本书撰写和研究的作者有:易娜伊(第一章),周淑惠(第二章),朱宝康(第三章),石娜娜(第四章),翁巧玲(第五章),赵玉玲(第六章),钱佩佩(第七章),王苏扬(第八章),申卫革(第九章)。全书由王骏负责统稿、修改,申卫革、易娜伊参加了部分章节的审稿工作。

本书选择目前各国正在使用的小学外语课程标准作为文本进行比较研究,文献材料较丰富,范围涉及亚洲、欧美等国家,适合小学英语教师、小学英语教育专业学生以及相关英语教育研究人员了解当下国际小学外语课程标准和课程实践的情况,供他们阅读和研究之用。由于该项研究难度较大,时间仓促,作者水平有限,研究难免存在问题,敬请读者批评、指正。

本书在写作过程中参考了大量相关资料,在此对所有相关文献作者表示诚挚感谢。

编者

2017 年 3 月

第一章 中国小学英语课程标准发展

一、中国小学英语教育发展概述

（一）中华人民共和国成立前的小学英语教育

我国的小学英语教育最早可以追溯到1818年马礼逊在马六甲建立的英华书院（Anglo–Chinese College）。该书院名为书院，根据其招收学生的年龄可以视其为一所小学性质的学校，开设课程包括英文（含英文阅读、书法和作文等）以及用英文教授的历史、地理等。前者为一般意义上的外语教学，后者属于用英文开设的双语课程（本书对此不作探讨）。从马礼逊开始，外国传教士纷纷来华办学，与此同时推行英语教育。对此，有两点需要说明：其一，传教士的小学英语教育主要存在于早期，之后教会学校逐步将教育重点转向中学和大学，英语教育随之上移。其二，传教士兴办的教会学校教育主权在相当长的时间内不属于我国。因此，其小学英语教学与我国官方的小学英语课程标准发展基本无涉。有鉴于此，本书对教会学校的小学英语教学不做探讨。

我国真正意义上的英语教育开始于京师同文馆。然而，同文馆所收学生年龄"在15岁上下"，基本已经属于中学年龄，不宜视为小学英语教育。我国第一个提出小学英语教育的官方文件是《普通教育暂行课程标准》（1912年），提出外国语为中学主课，且以英语为主，高等小学根据地方情况可以加设英语课。①这一文件在很大程度上可以反映英语教育在我国近代的发展，即英语教育主要开设于中学和大学，而小学英语仅仅在有条件的小学适当开设。其后，小学英语教育虽然偶被官方文件提及，但在实践层面并未得到广泛实施。诚然，少数江、浙、沪等沿海城市新式学堂以及民国小学曾经根据情况零星开设小学英语，但是与同时期中学和大学英语教育相比，新中国成立前小学英语教育发展总体而言既缓慢又分散。

（二）中华人民共和国成立至20世纪末的小学英语教育

中华人民共和国成立之初，由于国家政治亲苏反美，英语教育在这一时期被忽略。1962年，教育部颁发全日制中小学新教学计划（草案），将外语列入部分学校正式课程，并提出小学英语课程具体要求。然而，受诸多客观因素影响，该计划并未得到贯彻实施。1978年，我国相继颁布《全日制十年制中小学教学计划试行草案》和《全日制十年制中小学英语教学大纲（试行草案)》，建议英语从小学三年级开始设置，并对教学内容做出具体要求。然而，由于条件缺乏，这两个大纲并未得到广泛实施。尽管如此，从20世纪80年代后期到2000年，为应对高素质人才的需要，某些发达地区在小学阶段开设了英语课程。这为21世纪初小学英语课程改革提供了实践基础。

（三）21世纪初的中国小学英语教育

进入新世纪以来，科技迅猛发展，国际交流频繁，经济全球化和生活信息化成为不可避免的趋势。在此社会背景下，作为国际通用语言，英语的地位日益提高。为全面推进素质教育，满足国民素质发展的要求，教育部决定从2001年秋季起积极推进小学开设英语课程。作为规范和指导我国中小学英语教育的纲领性文件《全日制义务教育普通高级中学英语课程标准（实验稿)》于2001年颁布。该文件明确提出全国从小学三年级开始设置英语课程，这是我国外语（英语）教育政策上的一个重大转变。与此同时，教育部于2001年1月颁布《小学英语课程教学基本要求（试行)》，对小学英语课程目

---

①李良佑、张日昇、刘犁《中国英语教学史》，上海：上海外语教育出版社，1988年。

标、教学模式等课程问题提出明确要求,这为小学英语课程实施、教材选择以及教学评价提供了依据。从此,小学英语教育在国内各省轰轰烈烈地展开。其中,部分大、中城市小学根据自身条件与发展要求从一年级开设英语课程。少数边远和农村地区虽然条件有限,但是国家出台一系列支持政策(如鼓励大学生顶岗支教等)帮助落后地区开设小学英语课程。

二、中国小学英语课程标准的发展

我国颁布的小学英语法定文件始于1912年的《小学校令》,至今已有一百多年历史。百余年来,我国曾经在不同时期出台不同小学英语课程指导文件,具体包括1912年、1915年、1916年、1962年、1978年以及2001年和2011年颁布的文件。这些文件或称教学大纲,或称教学计划,近年来又称为课程标准。为便于比较研究,本书将其统一称为课程标准。梳理其百年发展历程对于我国小学英语课程发展具有重要的理论与实践意义(见表1-1)。

表1-1 我国百年小学英语课程标准发展概况

年份	课程标准	部分内容
1912年	《小学校令》	视地方情形……并可加设英语……
	《小学校教则及课程表》	英语要旨,在使儿童略解浅易之语言文字,以供处事之用。高小第三学年,每周3小时,教授"读法、书法、作法、语法"
1915年	《高等小学校令》	视地方情形……并可加设英语……
1916年	《高等小学校令施行细则》	在高小第二学年和第三学年开设外语,每周2小时,要旨是"使儿童略识外国语以供实用"
1962年	《对小学开设外国语课的有关问题的意见》	在试验新学制的五年一贯制小学的四、五年级开设外国语课,个别基础较好的六年制小学如有外国语教师,也可以在五、六年级开设外国语课,每周3课时。

续表

年份	课程标准	部分内容
1978年	《全日制十年制中小学教学计划试行草案》	集中师资力量首先在重点小学和一部分条件具备的小学开设外语，英语课从小学三年级开始。
	《全日制十年制中小学英语教学大纲（试行草案）》	对语音、语法和词汇等做出了相应的要求，小学阶段认识大约550个单词和一定数量的惯用词组，"课文绝大部分自编"。
2001年	《全日制义务教育普通高级中学英语课程标准（实验稿)》	从小学三年级开始开设英语课程，此标准第二级为小学结束时应达到的基本要求，包括课程性质、课程理念、内容标准和实施建议等。
2011年	《义务教育英语课程标准》	义务教育阶段的英语课程具有工具性和人文性双重性质。语言既是交流的工具，也是思维的工具

下面笔者主要从课程性质、课程理念、课程目标、课程内容与教科书、课程实施和课程评价六个维度对我国百年小学英语课程标准的发展历程进行梳理，探索其内在发展脉络。

（一）中国小学英语课程性质的演变

课程性质是对课程的宏观把握，明确课程性质有助于界定课程在整个课程体系中的位置。有关小学英语课程性质的说明始见于1912年的《小学校令》和《小学校教则及课程表》，前者要求"视地方情形……并可加设英语……"，而后者则明确"英语要旨，在使儿童略解浅易之语言文字，以供处事之用"。这表明两点：英语具有工具价值；该时期小学英语属于选修课程。1915年的《高等小学校令》和1916年的《高等小学校令施行细则》与1912年文件的课程性质基本相同。

1962年颁布《对小学开设外国语课的有关问题的意见》，其表述与前几个标准同中有异。相同点在于小学英语依然属于非核心选修课程，基础好的六年制小学可以开设，缺乏条件的小学无须开设；差异在于对英语价值的认识，相关文件对此虽然没有明确表述，但是从同时期中学英语教学大纲中可以窥见小学英语课程被视为工具性课程。然而，其性质与1912和1915年文件所示内容有所不同。后者将英语视为社会生活的工具，而同时期中学英语教学文件暗示英语在科学文化知识学习中具有工具属性。首先，英语"是学习文化科学知识、进行国际交往、促进文化交流、增进与各国人民相互了解的工具"。其次，英语能够"吸取有益于我国社会主义建设的科学技术成果，或者向友好国家和人民介绍我们的经验"。①1978年颁布的《全日制十年制中小学教学计划试行草案》《全日制十年制中小学英语教学大纲（试行草案）》则进一步强调了英语在科学文化知识交流学习中的工具性价值。

2001年的《全日制义务教育普通高级中学英语课程标准（实验稿）》将小学英语课程确定为基础教育阶段的必修课。该课程标准指出，英语课程目的在于使"学生逐步掌握英语知识和技能，提高语言运用能力，同时磨砺意志、陶冶情操、拓展视野、丰富生活经历、开发思维能力、发展个性和提高人文素养。"该课程标准开始意识到英语课程不仅具有工具性，而且具有人文性。与曾经的文件相比，2001年的课程标准在认识上是一大飞跃。

2011年版的《义务教育英语课程标准》明确指出"义务教育阶段的英语课程具有工具性和人文性双重性质"，同时对于这两重性质进行了详细阐释：英语课程的工具性指英语课程承担着培养学生基本英语素养和发展学生思维能力的任务；英语课程的人文性指"开阔视野，丰富生活经历，形成跨文化意识，增强爱国主义精神，发展创新能力，形成良好的品格和正确的人文观和价值观"。这是我国首次从课程标准的高度对英语课程的人文性进行深入解读。

可以看出，我国小学英语课程性质大致经历了两个阶段，每个阶段又包含两个子阶段。具体而言，2001年以前小学英语被视为工具性课程。其中，20世纪初人们认为英语属于社会生活工具，而20世纪六七十年代，英语在一定程度上体现为科学文化知识交流的工具。21世纪伊始，在工具性以外，英语开始被赋予人文属性。该属性在2011年小学英语课程标准中被明确提出。

①1963年《全日制中学英语教学大纲（草案）》，课程教材研究所编《20世纪中国中小学课程标准·教学大纲汇编 外国语卷（英语）》，北京：人民教育出版社，2001年。

从单纯的工具性到工具、人文双属性，从对人文性的初步认识到其正式确立，体现了我国教育界对小学英语课程认识的不断深化和丰富。

（二）中国小学英语课程理念的演变

课程理念是课程设计、实施和评价的方向性纲领。1912年及1916年的小学英语课程文件重视小学英语课程的工具属性。这一时期的小学英语课程在注重"趣味性"以及"与儿童知识相称"的同时比较关注"实用"①。

1962年的《对小学开设外国语课的有关问题的意见》并未对小学英语课程理念进行必要说明。1978年颁布的《全日制十年制中小学英语教学大纲（试行草案）》虽未明确提出课程理念（或教学理念），但是据相关内容，可以发现这一阶段小学英语课程在教学理念上采用循序渐进的原则。《全日制十年制中小学英语教学大纲（试行草案）》中指出"在入门阶段的教材，应安排最简单的语法，选用日常生活中最常用的词汇和少年儿童所熟悉的题材。随着学生语言能力的提高，选材范围应该逐渐扩大"。

2001年《全日制义务教育普通高级中学英语课程标准（实验稿）》"强调课程从学生的学习兴趣、生活经验和认知水平出发，倡导体验、实践、参与、合作与交流的学习方式和任务型教学途径，发展学生的综合语言运用能力，使语言学习的过程成为学生形成积极情感态度、主动思维和大胆实践、提高跨文化意识和形成自主学习能力的过程"。其内容具体包括：（1）面向全体学生，注重素质教育；（2）整体设计目标，体现灵活开放；（3）突出学生主体，尊重个体差异；（4）采用活动途径，倡导体验参与；（5）注重过程评价，促进学生发展；（6）开发课程资源，拓展学习渠道。可以说，2001年的课程理念比以往更加全面。新课程理念既关注学生群体，也关注学生个体，既关注学生的英语学习，也关注其整体发展，既重视课堂教学，也重视课外学习，既重视学习结果，也重视学习过程。

---

①1963年《全日制中学英语教学大纲（草案）》，课程教材研究所编《20世纪中国中小学课程标准·教学大纲汇编　外国语卷（英语）》，北京：人民教育出版社，2001年。

2011年版《义务教育英语课程标准》的课程理念包括以下几个方面：（1）注重素质教育，体现语言学习对学生发展的价值；（2）面向全体学生，关注语言学习者的不同特点和个体差异；（3）整体设计目标，充分考虑语言学习的渐进性和持续性；（4）强调学习过程，重视语言学习的实践性和应用性；（5）优化评价方式，着重评价学生的综合语言运用能力；（6）丰富课程资源，拓展英语学习渠道。不难看出，修订后的课程理念更加突出英语作为语言课程的特点。

随着时代发展和对外语教学认识的深入，小学英语课程理念从无到有，从简单粗线条到细致系统化，从仅关注教学到关注课程诸方面（课程目标、课程实施和课程评价等），从英语课程的工具价值到工具、人文双重价值。凡此种种体现了我国小学英语课程理念的发展路径。

（三）中国小学英语课程目标的演变

课程目标是"课程设计的方向或指导原则，是预见的教育结果，是学生经历教育方案的各种教育活动后必须达成的表现"。[①] 小学英语课程目标在不同时期有不同表述。

1912年的《小学校教则及课程表》提出的小学英语课程目标是"使儿童略解浅易之语言文字"，即让儿童掌握一些英语语言文字方面的知识。1916年《高等小学校令施行细则》中的课程目标与1912年课程目标精神基本一致。

1962年的《对小学开设外国语课的有关问题的意见》并未对小学英语课程目标做出明确要求，但是从同时期中学英语课程标准不难推知这一阶段的小学英语课程主要着眼于学生英语语言知识和技能的培养。

1978年颁布的《全日制十年制中小学英语教学大纲（试行草案）》将课程

---

①汪春明《预设与生成——关于课程目标的研究》，华中师范大学硕士学位论文，2004年。

目标确定为"掌握基本语音和语法，掌握2800个左右单词和一定数量的惯用词组，能借助词典阅读一般题材的中等难度的读物，具有一定的听、说、读、写和译的能力"。这一阶段的小学英语课程目标是学生英语语言知识（如语音、词汇、语法）和相关技能（听、说、读、写、译）的培养。

2001年的《全日制义务教育普通高级中学英语课程标准（实验稿）》将基础教育阶段的英语课程目标确定为"培养学生的综合语言运用能力"，包括语言技能、语言知识、情感态度、学习策略和文化意识五个方面。同时，该课程标准能力水平将基础教育阶段（义务教育+高中）的课程目标分为九个等级，在小学阶段需要完成第一级和第二级课程目标。

2011年版《义务教育英语课程标准》的课程目标是：通过英语学习使学生形成初步的综合语言运用能力，促进心智发展，提高综合人文素养，具体包括语言技能、语言知识、情感态度、学习策略和文化意识五个方面。同时，该课程标准按照能力水平将义务教育英语课程目标分为五个等级，在小学阶段要完成第一级和第二级课程目标。可以说，21世纪颁布的两份小学英语课程标准中的课程目标更加具体化、立体化、层次化、综合化和人文化（见图1-1）。

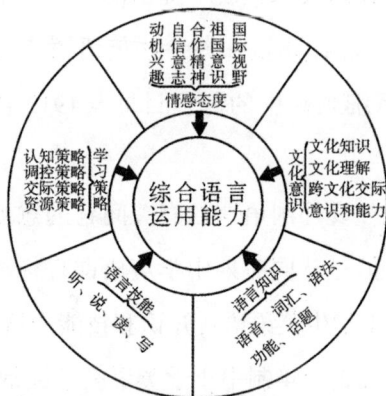

图1-1　课程目标结构

综上所述，我国小学英语课程目标大致经历了三个阶段：20世纪初课程目标粗疏、模糊——20世纪六七十年代的知识技能目标——21世纪的综合文化目标。对比分析可以发现，我国小学英语课程目标的演变历程与课程性质的发展阶段基本一致，体现了英语课程从工具性到工具、人文双重性质的发展。

(四) 中国小学英语课程内容与教科书的发展

1. 课程内容的发展

1912年及1916年小学英语课程内容包括"发音及单词、短句"和"浅近文章之读法、书法、作法、语法"。

1962年《对小学开设外国语课的有关问题的意见》并未对小学英语课程内容做出明确要求。当时所用教材基本由各地自行决定。

1978年颁布的《全日制十年制中小学英语教学大纲（试行草案）》对课程内容（教学内容）做了具体要求，包括词汇、语音、语法等。如小学三年级要求掌握150个左右的词汇；语音则要求"通过词汇和句子教学教大部分元音和辅音、最基本的拼读规则、单词重音、句子重音、节奏、降调和声调"；语法部分则对名词、代词、数词、介词、现在进行时和各种句式提出了要求。不难看出，这一阶段的课程内容由于受到课程性质的局限，还停留在使学生学习英语单词、句式等基本知识方面，而不是关注学生综合语言运用能力的培养。

2001年的《全日制义务教育普通高级中学英语课程标准（实验稿）》则在语音、词汇、语法等语言知识基础上对原有课程内容进行了全面改革，将其发展为语言技能、语言知识、情感态度、学习策略、文化意识五个方面。新的课程内容体现出两大特点：首先，关注语言综合应用能力。传统课程内容仅仅关注词汇、语音和语法等知识。诚然，语言知识对语言应用能力具有一定的指导作用，然而语言应用能力更多体现为听、说、读、写等各项语言技能的发展水平。2001年课程内容将语言技能作为首要内容，充分反映了语言技能的重要性。与此同时，综合语言运用能力不仅体现为语义能力，而且体现为语用能力，而后者与文化密切相关。简而言之，发展综合语言应用能力必须发展学生的语言技能、语言知识和文化意识。其次，关注学习者。新课程标准体现出以学习者为中心的课程与教学理念。学习（包括英语学习）唯有以学生为中心才能成为有效的学习。有鉴于此，2001年课程内容将情感态度和学习策略纳入其中。总体而言，2001年课程内容与以往内容相比有了质的飞跃。

2011年版《义务教育英语课程标准》的课程内容相比于2001年的课程标准变化不大。新标准根据小学生认知水平和认知能力对原有内容进行了局部修订，使其更加贴近学生生活。

总体而言，我国小学英语课程内容以2001年为转折点，此前英语课程局限于语音、词汇、语法等语言知识一维内容，此后课程则发展为语言技能、语言知识、情感态度、学习策略、文化意识等多维内容。

2. 教科书的发展

1912年及1916年小学英语课程标准要求"英语读本宜取纯正而有趣味者，其程度宜与儿童知识相称"，对教科书的要求强调内容的纯正性、趣味性以及适宜性。

1962年《对小学开设外国语课的有关问题的意见》并未对小学英语教科书做明确要求。1978年颁布的《全日制十年制中小学英语教学大纲（试行草案)》要求教材应体现生活性、适宜性、发展性和稳定性："入门阶段的教材，应安排最简单的语法，选用日常生活中最常用的词汇和少年儿童所熟悉的题材。随着儿童语言的提高，选材范围应该逐步扩大……为了积累教学经验，不断提高教学质量，教材应有相对的稳定性"。此外，这一时期教材在话题内容上比较重视思想道德教育。同时期教材在关注我国思想文化的同时开始"有选择地编入一些反映英美等国情况的材料和浅易的或经过改写的原著，以及适当数量的浅易科技文章"。

2001年的《全日制义务教育普通高级中学英语课程标准（实验稿)》指出"教材应灵活多样"，同时确立了五项教材编写原则，包括发展性和拓展性原则、科学性原则、思想性原则、趣味性原则、灵活性和开放性原则，并提出了若干教材使用建议。2011年版的《义务教育英语课程标准》的教材编写建议与2001年版基本一致，主要包括思想性原则、科学性原则、趣味性原则和灵活性原则。

我国小学英语课程标准中教科书建议的发展主要体现了如下特点：（1）自始至终强调教材内容的适宜性，即教材内容应当符合儿童的经验、兴趣和认知特点；（2）早期教材内容多为语言知识。2001年以来，教材内容开始逐步关注语言技能和文化意识的培养，体现出灵活、开放的特点；（3）从对教科书的规定、要求到建议的转变，权力逐步下放，赋予教师更多操作空间。简而言之，我国小学英语课程教材的编写在科学性基础上体现出灵活、开放的发展趋势。

（五）中国小学英语课程实施的发展

课程实施是把课程计划付诸实践的过程，其核心是教学。1912年的《小学校教则及课程表》及1916年的《高等小学校令施行细则》指出，"外国语首宜授发音，进授单词短句之读法、书法、作法、语法"，"教授外国语，宜以切用为主，并注意于发音，以正确之国文议解之"。每周2小时。

1962年的《对小学开设外国语课的有关问题的意见》并未对小学英语课程实施做明确要求。1978年颁布的《全日制十年制中小学英语教学大纲（试行草案）》从六个方面对教学方法展开论述，其一是语音教学，其二是词汇教学，其三是语法教学，其四是课文教学，其五是阅读教学，其六是直观教学、电化教学和外语环境。每周4课时。

2001年的《全日制义务教育普通高级中学英语课程标准（实验稿）》的教学建议包括：（1）面向全体学生，为学生全面发展和终身发展奠定基础；（2）关注学生的情感，营造宽松、民主、和谐的教学氛围；（3）倡导"任务型"教学途径，培养学生综合语言运用能力；（4）加强对学生学习策略的指导，为他们终身学习奠定基础；（5）拓展学生的文化视野，发展他们的跨文化交际意识和能力；（6）利用现代教育技术，拓宽学生学习和运用英语的渠道；（7）组织生动活泼的课外活动，促进学生的英语学习；（8）不断更新知识结构，适应现代社会发展对英语课程的要求；（9）遵循课时安排的高频率原则，保证教学质量和效果。同时，后面还提供了若干教学案例。每周不少于4次教学活动。

2011年版《义务教育英语课程标准》的教学建议包括：（1）面向全体学生，为每个学生学习英语奠定基础；（2）注重语言实践，培养学生的语言运用能力；（3）加强学习策略指导，培养学生自主学习能力；（4）培养学生的跨文化交际意识，发展跨文化交际能力；（5）结合实际教学需要，创造性地使用教材；（6）合理利用各种教学资源，提高学生的学习效率；（7）组织生动活泼的课外活动，拓展学生的学习渠道；（8）不断提高专业水平，努力适应课程要求。每周3至4次教学活动。不难看出，相对于2001年的课程标准，修订后的课程标准在教学建议上更加具体和有针对性。

我国小学英语课程实施的发展体现了如下特点：（1）从目中无学生转向全面关注学生；（2）从单一教师讲授模式转向多样化教学模式；（3）逐渐关注信息技术在英语教学中的应用；（4）从关注学生英语知识技能的发展转向关注学生英语能力的全面发展；（5）从关注学生阶段性英语学习转向关注其终身英语发展。

（六）中国小学英语课程评价的发展

课程评价就是以一定的方法、途径对课程计划、活动以及结果等有关问题的价值或特点做出判断的过程。[①]

1912年的《小学校教则及课程表》、1916年的《高等小学校令施行细则》和1962年的《对小学开设外国语课的有关问题的意见》皆未对小学英语课程评价做出明确要求或者说明。

1978年颁布的《全日制十年制中小学英语教学大纲（试行草案）》虽然同样未对评价做明确要求，但是相关"教学要求"对英语基础知识和基本技能的评价有所反映。尽管如此，该文件对于评价方法和途径并未进行深入阐释。

---

①方勤华《近年来我国课程评价研究的现状及其发展趋势》，《河南大学学报（社会科学版）》2008年第6期，第142—147页。

2001年的《全日制义务教育普通高级中学英语课程标准（实验稿)》提倡评价主体多元化、评价方式多样化，鼓励采用形成性与终结性评价相结合、既关注结果又关注过程的评价方式。具体评价建议包括：（1）体现学生在评价中的主体地位；（2）注重形成性评价对学生发展的作用；（3）注重评价方法的多样性和灵活性；（4）注重评价结果对教学效果的反馈作用；（5）终结性评价要注重考查学生综合运用语言的能力；（6）注意三至六年级英语教学评价的特殊性；（7）注意处理教学与评价的关系；（8）各级别评价要以课程目标为依据。对于小学三至六年级的英语教学评价，课标指出：三至六年级英语教学评价形式应具有多样性和可选择性，评价应以形成性评价为主，同时对不同年级的英语教学评价方式做了具体说明。

2011年修订版的《义务教育英语课程标准》指出，英语课程的评价要尽可能做到评价主体的多元性、评价形式和内容的多样化、评价目标的多维化。评价采用形成性评价和终结性评价相结合的方式。具体评价建议包括：（1）充分发挥评价的积极导向作用；（2）体现学生在评价中的主体地位；（3）依据课程目标要求确定评价内容与标准；（4）注意评价方法的合理性和多样性；（5）形成性评价要有利于监控和促进教与学的过程；（6）终结性评价要注重考查学生综合语言运用能力；（7）注意处理教学与评价的关系；（8）小学的评价应以激励学生学习为主。

历时分析，课程评价经历了一个从无到有、从一元到多元、从仅关注结果到既关注结果又关注过程的发展历程。

综上所述，我国课程标准百年发展体现出如下倾向。其一，从小学校令到教学大纲再到课程标准，规定的成分少了，建议的成分多了，体现出开放性，给师生预留出更多的操作空间。其二，无论课程性质，还是课程目标和课程内容，早期文件仅仅重视语言基础知识的积累，2001年以来逐步关注语言技能和文化意识，继而关注情感态度和学习策略的培养，体现出从语言工具性到语言工具性和人文性双重性质的转变。其三，课程实施与课程评价两部分逐步从以教师和教材为中心转向以学习者为中心，课程与教学有效性逐步增强。总体而言，我国小学英语课程标准变得更加科学、更加多元、更加开放。

第二章 中国与芬兰小学英语
课程标准比较研究

芬兰是一个多民族、多语言、多宗教的国家，但是芬兰族与其他少数民族鲜有冲突。对此，教育功不可没。教育使不同群体之间学会相互包容、和谐相处。芬兰的母语有三种：芬兰语、瑞典语和萨米语，官方语言为芬兰语和瑞典语。除此以外，还有其他语言，包括俄语、爱沙尼亚语、索马里语、英语、阿拉伯语。①芬兰的基础教育取得了举世瞩目的成就。社会发展国际化趋势使芬兰人认识到要适应和融入国际社会，每个人必须掌握多种外语。因此，芬兰允许并鼓励有条件的学校开设多种外语教学，以满足学生与社会的发展需要。

一、芬兰小学外语教育概述

芬兰等北欧国家历来注重外语教育。一般而言，义务教育阶段的芬兰学生除了母语还要学习两门外语（其中包括一门官方语言）。芬兰拥有高质量的外语基础教育，国民普遍具有较高的外语水平。"让芬兰走进世界，让世界

---

① 曹一鸣等《十三国数学课程标准评介（小学初中卷）》，北京：北京师范大学出版社，2012年，第87页。

了解芬兰"，芬兰外语教育的成功经验值得我们学习和借鉴。

（一）芬兰外语教育发展概览

一百多年来，芬兰的外语教育经历了多次改革。19世纪末，芬兰中学的课程比较强调外语学习，学生学习外语的时间最高可占总学习时间的50%。20世纪70年代，芬兰政府规定在综合中学设置两门必修语言课（除母语之外的另一官方语言和一门外语）。与此同时，学生在各年龄段还需要选修一门外语。[①]20世纪90年代，芬兰政府对于外语教育进一步放权。就义务教育而言，政府在1994年制定的外语课程框架中仅仅规定了一至六年级、七至九年级两个学段的外语学时，学校有权决定外语科目具体开设时间以及学年具体学时安排。根据1999年的统计数据，三至六年级约20%的学生学习了两门外语。同年，普通高中生中，约50%的学生学习了三门语言，还有部分学生学习了四门甚至更多语言。[②]

（二）芬兰小学外语课程设置

芬兰的外语包括英语、法语、德语、俄罗斯语、西班牙语、印度语、萨米语等。芬兰的外语分为A语言（The A-language）和B语言（The B-language），A语言可以从一至六年级任意年级开始，一般从三年级开始；B语言则是从七至九年级任意开设，一般从七年级开始。A语言和B语言又各自分为必修语言A1（Compulsory language A1）、选修语言A2（Optional language A2）和必修语言B1（Compulsory language B1）、选修语言B2（Optional language B2）。其中，A语言和B语言均包括：芬兰语、瑞典语、英语、法语、德语、西班牙语、俄语、萨米语、印度语等。

（三）芬兰小学外语学段划分和课时分配

现行基础教育阶段（一至九年级）的所学科目或科目群按照年级被分成

---

①陈静《芬兰外语教育的特点分析》，《教学与管理》2009年第5期，第158—160页。
②陈静《芬兰外语教育的特点分析》，《教学与管理》2009年第5期，第158—160页。

不同学段，每个学段规定了每周最少课时数。一至九年级A语言课程被分为三个学段：第一学段为一至二年级；第二学段为三至六年级；第三学段为七至九年级。芬兰的一学年一般为38周，所以计划教学时间=38×每周最少课时数。具体而言，第一学段除规定外并未开设英语课程；第二学段每周至少8课时（学年课时数是38×8=304）；第三学段每周至少8课时（学年课时数是38*8=304）。地方和学校有权根据学段决定课时分配。针对不同科目，学校往往自主灵活安排授课时数。

（四）芬兰英语教育

理论上芬兰学生虽然可以学习任何一门外语，但是迄今为止英语仍然是芬兰小学生的最爱。英语作为一门外语从小学开始就在芬兰受到广泛青睐，芬兰的英语基础教育教学水平优异。"国际学生评估项目PISA"[①]（全称 Programme for International Student Assessment）测试显示从PISA2000到PISA2006，芬兰学生的阅读成绩都明显优于其他国家，尤其是在获取信息、文本理解这两个阅读子项目上的表现更为出色，成绩远远高于其他参与该项目的国家和地区：PISA2000和PISA2003芬兰均列位第一，PISA2006位居第二。[②]

芬兰官方于2014年5月23日出版了"学生的科目选择2013"报告[③]，其中包括"综合性学校大部分学生学习英语"的调查数据（见表2-1）。相关数据

---

①注：PISA是一项由经济合作与发展组织（Organization for Economic Cooperation and Development，OECD）统筹的学生能力国际评估计划。主要对接近完成基础教育的15岁学生进行评估，测试学生们能否掌握参与社会活动所需要的知识与技能。评估主要分为三个领域：阅读素养、数学素养及科学素养，由这三项组成评估循环核心。

②陈洪涛、陈丽桦《芬兰学生的高阅读能力从何而来》，《基础教育参考》2008年第2期，第34—38页。

③芬兰官方数据统计.学生的科目选择2013 ［EB/OL].http://www.stat.fi/til/ava/2013/02/ava_2013_02_2014-05-23_en.pdf.

显示英语在综合性学校一至六年级成为最受青睐的外语。小学一至六年级参加英语必修和选修课程的学生人数比例高达66%，而参加其他语言学习的学生比例均不超过5%。更有甚者，芬兰小学生的英语学习远远超过了作为母语的瑞典语（4.5%）和芬兰语（4.2%）的学习。这一数据反差充分显示在小学阶段外语学习中，英语课程占绝对主导性地位。鉴于英语属于现代生活和交际必不可少的技能或工具，芬兰小学英语教学格外重视学生听、说、读、写综合能力的掌握和运用。这一教学倾向一直延伸到中学和大学。正因为如此，芬兰的大学毕业生绝大多数能用流利的英语和英美人士进行交流。[①]总体而言，芬兰国民整体英语素质高，英语运用能力强。

芬兰的英语教育不仅是其外语教育主体，而且是该国外语教育水平的集中体现。据新华网北京2008年9月5日专电欧盟委员会一项对欧洲多国（包括丹麦、芬兰、德国、法国、西班牙等）发布的一组调查数据显示，芬兰跻身于最具外语天赋的国家行列，63%的芬兰人能流利地说英语，近半数居民掌握两种外语。芬兰国民的外语能力与素养显然应当归功于其优质的外语教育。

表2-1　2013年综合性学校学生的语言选择（节选）

年级	所学语言	必修语言A1	选修语言A2	总数	一至六年级学生比例（%）
一至六年级	英语	218473	13765	232238	66.0
	瑞典语	2996	12885	15881	4.5
	芬兰语	14038	872	14910	4.2
	法语	2671	4491	7162	2.0
	德语	3053	10227	13280	3.8

---

①张小情《北欧四国中学生英语技能测试成绩分析及启示》，《课程·教材·教法》2008年第2期，第87—91页。

续表

年级	所学语言	必修语言A1	选修语言A2	总数	一至六年级学生比例（%）
一至六年级	俄语	1034	1850	2884	0.8
	西班牙语	345	1081	1426	0.4
	印度语	0	0	0	0.0
	萨米语	2	220	222	0.1
	其他	298	154	452	0.1

（五）芬兰小学外语课程标准概述

芬兰没有独立的基础教育英语课程标准文件，相关内容包含在《基础教育国家核心课程（2004）》7.5 foreign language中。外语课程将一至九年级分为三个学段，分别为一、二年级、三至六年级和七至九年级。外语课程标准并没有逐学年进行分别阐述，而是根据所划分学段规定了相应"目标"与"核心内容"，同时指出在六年级和九年级结束时，即第二学段和第三学段结束时，学生应达到的"优秀表现描述"。针对不同学段，课程内容与维度有所不同。值得注意的是，这里特别将英语和其他语言的描述区别开来，由此可见芬兰基础教育阶段对英语的重视。

课程性质——基础教育国家核心课程文件指出，外语教学应当使学生具有在外语环境中交流的能力，即形成外语运用能力以及异域文化理解和评价能力。外语作为一门语言类课程，是一门兼有技能性和文化性的学科。学生应当将外语作为技能和交流方式进行学习。与此同时，外语教学应当注重培养学生的学习方法和学习习惯，这可以为其终身外语学习奠定基础。

课程目标——芬兰小学外语教育针对不同学段提出不同课程目标。一、二年级的课程目标比较简单，即学生能够认识语言及其意义，能够积极表达单词和词组，获得语言学习的基础，并且对语言和多元文化感兴趣。三至六年级的课程目标则分为三个维度：语言能力、文化技能、学习策略。主要表述为：能进行简单的日常会话，理解有关日常生活的谈话或文本，初步感知文化差异，能独立使用工具书和表达自己，能进行自我认识和评价。

　　课程内容——一、二年级课程内容主要包括三方面: 家庭、学校等日常生活环境; 适合的歌曲、童谣和游戏; 目标语常见的文化信息。这是芬兰小学低年级外语教学的主题, 属于该年龄段经验范畴, 明白易懂, 便于教学。课程教学以上述主题为基础, 引导学生进行理解和复述, 将所听内容用于口语交际。这一阶段的书面语言仅仅作为口头练习的辅助。三至六年级课程内容有所扩大, 具体包括: 所学语言知识、语法结构、当前生活圈 (生活的环境、人物) 的作用、多元文化相关知识以及交际策略等内容。这一阶段的课程旨在使学生在具体个人情境中习惯用外语交流。首先进行口头交流, 继而逐渐提高书面交流水平。与此同时, 学生能够意识到各语言文化既平等又存在差异。除此之外, 学生能够养成良好的语言学习习惯。

　　课程评价——芬兰《基础教育法1998》规定, 学生评价的目的在于指导和鼓励学生培养自我评价的能力, 对其学习、工作和行为进行多方面评价。[①]作为基础教育阶段重要任务之一, 评价属于学校日常教学的一部分。芬兰的基础教育没有统一国家考试, 教师通常根据核心课程目标对学生学习结果进行评价。依据相关外语课程目标, 芬兰小学生在六年级结束时需要达到语言能力优秀表现。课程评价内容与课程目标表述基本一致, 分为听、说、读、写四个维度。

　　(六) 芬兰小学外语课程标准的特点

　　课程性质: 兼具工具性和人文性

　　我国2011年修订的《义务教育英语课程标准》将英语课程性质明确界定为"义务教育阶段的英语课程具有工具性和人文性双重性质。"[②]外语学习对学生发展具有多方面价值, 它既是交流工具, 也是思维工具, 是知识、文化和价值观的载体。芬兰外语课程性质同样体现了工具性和人文性双重价值。

---

①芬兰国家教育委员会.基础教育1998 ［EB/OL］.http://www.finlex.fi/en/laki/kaannokset/1998/en19980628.pdf.

②中华人民共和国教育部《义务教育英语课程标准 (2011年版)》, 北京: 北京师范大学出版社, 2012年。

其《基础教育国家核心课程》规定："作为一门学术性课程，外语是一门兼有文化和技能的科目。"在认可外语工具性的同时，芬兰比较关注其人文性，即学生在学习外语过程中需要逐渐意识到各语言和各文化的差异，体验多样语言和文化，在此基础上形成跨文化交际意识和能力。

课程目标：强调交际能力和跨文化意识

芬兰小学外语课程比较重视培养学生日常交际与跨文化交际能力。一、二年级要求学生运用所学词汇、词组积极表达，能够并乐于进行口头交际。三至六年级课程目标有所提高，要求学生具有一定产出性语言技能，能够描述个人信息与生活环境，能够用英语进行简单日常会话。就跨文化交际能力而言，学生需要形成跨文化意识和跨文化理解能力。其中，第一学段外语教学注重培养学生对多元文化的兴趣，第二学段则要求学生了解外语所承载的文化，能够初步感知芬兰和外国文化的差异。

课程内容：贴近学生生活世界，注重语言学习渐进性

首先，课程内容注重学生的生活世界，相关主题均来自学生的日常生活和环境，来自学生身边的世界。正如美国教育家杜威（John Dewey）在《我的教育信条》中所述："学校必须呈现现在的生活——即对儿童来说是真实而生气勃勃的生活"，"学校生活应当从家庭生活里逐渐发展起来"，"学校课程的内容应当注意到从社会生活的最初不自觉的统一体中逐渐分化出来"。[1]芬兰小学英语课程的内容基本吻合学生的环境、经历和生活世界。其次，充分考虑语言学习的渐进性和连续性。语言能力的真正形成是一个长期积累、练习、实践和运用的过程，相关课程设计与实施必须遵循语言学习的渐进性和连续性规律。[2]芬兰小学英语课程从一、二年级的"日常生活、当前的环境、家庭和学校"过渡到三至六年级的"农村和城市生活""自身和目标语

---

[1]王承绪、赵祥麟编译《西方现代教育论著选》，北京：人民教育出版社，2001年，第8—10页。

[2]陈琳、王蔷、程晓堂《义务教育英语课程标准（2011年版）解读》，北京：北京师范大学出版社，2012年。

言所承载的文化基本知识",基本体现了语言学习的渐进性和连续性。

课程评价:促进发展、尊重差异

芬兰相关教育法指出了评价理念,国家核心课程规定了具体学科目标,教师在此基础上根据所教学科独立进行评价。其评价具有两大特征:促进发展,尊重差异。首先,评价旨在促进学生的发展。评价不是教学之后的事情,而是包含在教学过程中,融入教学活动中,评价是学校日常工作不可或缺的环节。教师通过持续测试评价衡量学生发展,由此指导和帮助学生认识自身进步,监控学习过程,获得个人发展。其次,强调个性化评价方式。据《芬兰教育概览》介绍,芬兰的基础教育没有统一国家考试,教师通常根据核心课程目标,针对学科特点对学生进行评价,所以教师在学生评价方面拥有很大的自主权。芬兰教师通常采用报告形式(年度报告和中级报告)对学生进行评价。报告方式属于质性评价范畴,旨在对学生进行个性化多彩评价,这充分体现了芬兰教育课程评价对学生差异的尊重。

二、中芬课程标准框架比较

(一) 两国课程标准框架

芬兰英语课程标准主要包括:课程性质、学段课程目标和课程内容。课程评价主要描述了六年级结束时的优秀表现,评价从听力理解、演讲、写作、文本理解四个方面展开。附录部分有字母、数字、标点符号和语言能力等。总体而言,芬兰英语课程标准框架较为简单。

中国义务教育英语课程标准总体包括:前言、课程目标、分级标准、实施建议、附录五部分。课程目标分为总目标和分级目标,各分级目标包括语言技能、语言知识、情感态度、学习策略和文化意识五个方面。实施建议包括教学建议、评价建议、教材编写建议、课程资源开发与利用建议等(见表2-2)。

表2-2 中国和芬兰英语课程标准框架和结构对照表

中国课程标准框架和结构		芬兰课程标准框架和结构		
前言	课程性质	课程性质		
	课程基本理念			
	课程设计思路			
课程目标	总目标	一、二年级	目标	
	分级目标		核心内容	
分级标准	语言技能			
	语言知识			
	情感态度	三至六年级	目标	语言能力
	学习策略		核心内容	文化技能
	文化意识			学习策略
				结构
				交际策略
实施建议	教学建议	在六年级结束时优秀表现的描述	听力理解	
	评价建议		演讲	
	教材编写建议		文本理解	
	课程资源开发与利用建议		写作	
附录	语音项目表	附录	字母、数字、标点符号	
	语法项目表		语言能力等级	
	词汇表			
	功能意念项目表			
	话题项目表			
	课堂教学实例			
	评价方法与案例			
	技能教学参考建议			
	课堂用语			

(二) 两国课程标准框架相似点

就整体框架而言，两国具体表述或有不同，但是主要内容比较一致。两国课程标准均包含课程性质、课程目标和课程内容。芬兰课程标准虽然没有明确的课程实施建议，但是对应内容体现于《基础教育国家核心课程(2004)》教学实施部分。相关内容涵盖学习概念、学习环境、可操作文化和作业方式四个方面。此外，芬兰课程标准中的六年级结束时优秀表现描述以及附录中的语言能力等级可以理解为中国课程标准中的课程目标分级标准。

(三) 两国课程标准框架差异

对比分析发现，中国课程标准的框架与结构体系与芬兰相比更加全面、清晰、具体。例如，中国课程目标体系分为清晰的三个层次：课程总目标、分级目标、分级标准。此外，除课程目标、内容和评价三大共性成分外，中国课程标准还就课程实施提出建议，具体包括教学、评价、教材编写、课程资源开发与利用建议。就表述风格而言，中国课程标准比芬兰更加具体。相比之下，芬兰课程标准对目标、内容、评价仅仅给出基本描述，总体比较简洁。芬兰基础教育国家核心课程旨在对教育进行宏观指导，对各学科课程标准具体规定较少。教育当局或学校可以在国家核心课程框架结构内，为基础教育制定自己的课程。芬兰课程标准这一特征与其文化密不可分。芬兰崇尚"信任文化"，即社会普遍相信教师、校长、家长和他们所在的团体能为国家下一代提供尽可能好的教育。[1]受其文化影响，芬兰教育权力逐渐下移，赋权增能使学校、教师有灵活的教育自由和自觉的责任意识。地方、学校、教师拥有较大的教育教学自主权。它们可以因地制宜、因人而异创造个性化、多样化的教育方式，创造更加符合地方和学校特色的课程。具体到外语课程，地方和学校往往根据不同学生语言文化差异，创设宽松的学习环境，提供灵活多样的课程，以便最大限度满足不同学生对外语的需要。

---

[1]王悦芳《芬兰基础教育改革的逻辑和理念》，《外国中小学教育》2009年第6期。

三、课程理念比较

(一) 芬兰小学英语课程理念

芬兰的英语课程标准并未说明课程理念，但是其他教育法规、法案对于课程理念却有所暗示。《基础教育国家核心课程 (2004)》规定了基础教育的基本价值理念：人权、平等、民主、自然多样性、环境生存保护和多元文化支持。基础教育旨在培养责任感、社区意识并尊重个体的权利和自由。[①]同时，从芬兰国家教育委员会制定的《芬兰教育》 (Education in Finland) 中，我们可以看到教育的基本理念。其首先突出的是教育公平：芬兰教育政策首要的目标是为所有公民，不论其年龄、出身、经济状况、性别、语言差异，都提供平等受教育的权利和机会。[②]芬兰强调教育要涵盖所有人，一个都不能放弃，必须为所有人提供平等受教育的权利和接受高质量教育的机会。为此，芬兰小学一至六年级在常规教学的同时为学生提供教育指导和帮助，并引导学生在学习上发挥最大潜能，在教育上做出正确选择。其次，为学生提供满足个人需要、兴趣和能力的教学和支持，如补救性教学、业余特殊需要的教育，等等。这种努力追求公平和平等的思想同样体现在芬兰小学英语教育过程中。

(二) 中国小学英语课程理念

中国的《义务教育英语课程标准 (2011年版)》 (以下简称《课标 (2011)》) 明确指出了英语课程的基本理念 (见表2–3)。

---

①芬兰国家教育委员会.基础教育国家核心课程2004 [EB/OL].http://www.oph.fi/english/curricula_and_qualifications/basic_education:P12.

②芬兰国家教育委员会.芬兰教育 [EB/OL].http://www.oph.fi/download/124278_education_in_finland.pdf:P2.

表2-3　义务教育英语课程的基本理念

（一）注重素质教育，体现语言学习对学生发展的价值
（二）面向全体学生，关注语言学习者的不同特点和个体差异
（三）整体设计目标，充分考虑语言学习的渐进性和持续性
（四）强调学习过程，重视语言学习的实践性和应用性
（五）优化评价方式，着重评价学生的综合语言运用能力
（六）丰富课程资源，拓展英语学习渠道

上述理念不仅反映了一般教育教学理念，而且体现了英语学科的特点，具体体现在课程理念反映了英语语言学习的价值和目的、课程实施的指导思想和要求，基于语言学习规律的课程设置，基于语言学习特点的教学原则和学习方式，基于促进学生发展的科学合理的评价方式，基于英语学习特点的课程资源开发。课程理念为实现义务教育英语课程任务奠定了理论基础，指明了教育方向。

（三）中芬小学英语课程理念比较

从上述分析可以发现，中芬英语课程理念存在明显差异。芬兰课程理念更具普遍性，涵盖了基础教育所提倡的理念，对教师的具体规定较少，这使教师在课程实施中拥有灵活性、开放性和自主性。与之相比，中国的课程理念在体现基础教育课程改革理念的基础上，还针对英语学科、语言学习的特点，提出了更具有针对性、更有利于学生学习的理念，可操作性和指导性较强，有利于教师在课程实施中的理解、把握和落实。

四、课程性质比较

芬兰认为，外语作为一门学术性课程，是一门兼有文化性和技能性的学科。同样，中国英语课程标准明确界定了英语课程的性质，即"具有工具性和人文性双重性质"，并对工具性、人文性的内涵进行了阐述（见表2-4）。

两国课程性质在共性基础上也存在一定差异。首先，中国的人文性比芬兰的文化性在内涵和外延上内容更丰富。前者不仅包括文化素养，而且包括情感态度，而芬兰课程性质并未提及情感态度。其次，中国课程中的工具性不仅指语言的交流工具作用，而且指语言的思维工具作用。相比之下，芬兰课程性质对于语言的思维工具性缺乏表述。显而易见，芬兰课程标准在性质表述上更具英语学科特点，而中国课程标准则将英语学科视为人文学科的一部分。

表2-4 中芬英语课程性质对照表

	中国	芬兰
课程性质	义务教育阶段的英语课程具有工具性和人文性双重性质。就工具性而言，英语课程承担着培养学生基本英语素养和发展学生思维能力的任务。就人文性而言，英语课程承担着提高学生综合人文素养的任务。	外语教学应该使学生具有在外语环境中交流的能力。教学旨在促进学生的语言运用能力，培养其理解和评价异国文化的能力。外语作为一门学术性课程，是一门兼有文化性和技能性的学科。语言是一门核心课程。在教学中注重良好学习方法的养成，为后续语言学习奠定基础。随着语言的学习，学生逐渐发展其跨文化交际能力。

五、课程目标比较

(一) 芬兰小学英语课程目标

芬兰课程总目标和分级目标均划分为一、二年级、三至六年级两段。一、二年级课程总目标为："教学旨在将内容和主题联系起来，这样的主题是在学生经验范围之内或者已经在以往教学中学过。学生对跨文化差异进行初步感知。教学在本质上是实用且愉快的。"三至六年级为："教学任务旨在使学生在具体的、个人当前的环境中，习惯于用外语交流。开始能口头表达大部分内容，然后逐渐提高到书面交流水平。学生要意识到各语言和各文化有所不同，但价值没有差异。学生必须养成良好的语言学习习惯。"分级目标划分为语言技能、文化意识以及学习策略三个方面。其中，一、二年级关注词汇、词组层面的语言技能以及文化策略方面的初步意识（见表2-5）。三至六年级上升为日常生活情境中的语篇交际技能，初步的跨文化比较能力以及初步的语言学习元认知能力。

(二) 中国小学英语课程目标

中国小学英语课程总目标是"通过英语学习使学生形成初步的综合语言运用能力，促进心智发展，提高综合人文素养。综合语言运用能力的形成建立在语言技能、语言知识、情感态度、学习策略和文化意识等方面整体发展的基础之上"。与此同时，课程标准还规定了与学段划分相对应的一级、二级分级目标，目标表述划分为语言技能、语言知识、情感态度、学习策略和文化意识五个维度。

(三) 中芬小学英语课程目标比较

对比两国课程目标，可以发现两者均涵盖知识、技能、情感、文化与策略五个维度，然而表述侧重点存在一定差异。就知识技能目标而言，中国表述具体微观、可操作性强，芬兰表述立足宏观、指导性强。相比之下，芬兰对于文化与策略的表述则比较详细。芬兰课程目标中的文化表述体现了芬兰所处文化环境的切实需要。芬兰位于欧洲，各国之间、各民族之间文化交流比较频繁，客观上需要学生在学习外语的同时关注母语和外语文化的异同。就学习策略而言，芬兰课程标准不仅关注个体学习策略，而且关注团体合作策略，不仅注重外语学习认知策略，而且注意培养学生的相关元认知策略。

表2-5　中芬小学英语课程目标对照表

	中国	芬兰	
总目标	通过英语学习使学生形成初步的综合语言运用能力，促进心智发展，提高综合人文素养。综合语言运用能力的形成建立在语言技能、语言知识、情感态度、学习策略和文化意识等方面整体发展的基础之上。	一、二年级	教学旨在将内容和主题联系起来，主题在学生的经验范围之内或者在以往的教学中已经学到。学生对跨文化差异进行初步感知。教学在本质上是实用且愉快的。

续表

	中国	芬兰	
		三至六年级	教学任务旨在使学生在具体环境中习惯用外语交流，首先能口头表达大部分内容，然后逐渐提高书面交流水平。学生要意识到各语言和各文化有所不同，但价值没有差异。学生必须养成良好的语言学习习惯。
分级目标三、四年级（一级）	·对英语有好奇心，喜欢听他人说英语。 ·能根据教师的简单指令做动作、做游戏、做事情（如涂颜色、连线）。能做简单的角色表演。能唱简单的英文歌曲，说简单的英语歌谣。能在图片的帮助下听懂和读懂简单的小故事。能交流简单的个人信息，表达简单的感觉和情感。能模仿范例书写词句。 ·在学习中乐于模仿，敢于表达，对英语具有一定的感知能力。 ·对学习中接触的外国文化习俗感兴趣。	一、二年级	·意识到语言及其意义。 ·倾听和理解语言，在单词和词组层次上进行积极的表达。 ·获得语言学习技能和持续语言学习的基础。 ·对学习语言和在多元文化中生活感兴趣。
五、六年级（二级）	·对继续学习英语有兴趣。 ·能用简单的英语互致问候，交换有关个人、家庭和朋友的简单信息，并能就日常生活话题作简短叙述。能在图片的帮助下听懂、读懂并讲述简单的故事，能在教师的帮助下表演小故事或小短剧，演唱简单的英语歌曲和歌谣。能根据图片、词语或例句的提示写出简短的描述。 ·在学习中乐于参与、积极合作、主动请教，初步形成对英语的感知能力和良好的学习习惯。 ·乐于了解外国文化和习俗。	三至六年级	**语言能力** ·学会讲述他们自身作为独立个体的基本信息，讲述他们当前的生活环境，能使用目的语言进行简单的日常会话，必要时可依靠谈话人的帮助。 ·在有情景支持的情况下，理解日常生活、常规事件的谈话和文本的主要内容。 ·学习写一些简短的信息。 **文化技能** ·知道目的语言所承载的文化，对芬兰文化和其他文化的异同有初步感知。 ·学会在日常环境下和目的语言文化的人进行交流。 **学习策略** ·在语言学习环境中主动学习、积极进取。 ·在语言学习中，创造一对一和小团体的情境。 ·独立地使用课本、字典和其他工具。 ·能运用母语说明单词和句型结构。 ·识别自我语言学习的优缺点，并且根据目标对作业和语言技能进行切实评价。

六、课程内容比较

(一) 两国课程内容

芬兰英语课程标准明确给出了核心内容。按照学段划分，一、二年级核心内容包括：日常生活，当前的环境、家庭和学校，适合年龄的歌曲、童谣、游戏，关于目标语言文化和语言区域的一般性信息；三至六年级内容主要包括语言的情境和主题、当前的环境、语言承载的文化基本知识、主要语法规则、交际策略，等等。

中国课程内容参照标准主要包括语言技能、语言知识、文化意识、情感态度以及学习策略五部分，其中语言知识与语言技能内容涵盖语言结构（语音、词汇和语法）、功能意念以及话题项目三部分。

(二) 两国课程内容的共性

两国课程内容虽然表述不同，但是均包括语言知识（体现为语言结构），语言技能（体现为语言运用）和文化意识几部分。此外，相关话题均来自学生身边熟悉的生活环境。诚如上文所述，杜威认为课程与教学内容应当与生活建立联系。两国小学英语课程内容充分体现了这一点。例如，两国内容均涉及个人与朋友、家庭与学校等日常话题。

(三) 两国课程内容的差异

两国课程内容的差异有三点。其一，中国课程内容包括情感态度，而芬兰课程内容则没有相应内容。情感态度属于附属性内容，而非独立课程内容，因此，芬兰的做法可以理解。而中国课程内容包含情感态度则体现了英语课程人文性的价值取向。其二，就策略而言，中国课程内容突出语言学习策略，而芬兰则强调语言交际策略。诚然，芬兰课程目标中具有关于学习策略的表述，但是课程内容对交际策略的表述更多，在一定程度上体现出芬兰特有的地域文化需要。第三，中国课程内容对于功能话题的表述微观具体，而芬兰则相对概括，仅仅对话题做出一般性表述，这留给教师较多的选择空间（见表2-6）。

表2-6 中芬小学英语课程内容对照表

中国课程内容		芬兰课程内容	
知识 技能	语音、词汇、语法 听、说、读、写 问候 介绍 告白 请求 邀请 致谢 道歉 情感 喜好 建议 祝愿	一、二 年级	·日常生活、当前的环境、家庭和学校 ·适合年龄的歌曲、童谣、游戏 ·关于目标语言文化和语言区域主要的一般性信息
话题 文化 策略 情感	个人情况 家庭与朋友 身体与健康 学校与日常生活 文体活动 节假日 饮食 服装 季节与天气 颜色 动物	三至六 年级	·学生熟悉的语言学习领域、情境和主题 ·相关环境，如家庭 ·学校、教师 ·农村和城市生活 ·符合年龄的业余生活 ·在多元文化中开展业务 ·自身和目的语文化的基本知识，也包括目的语在芬兰所承载的文化基本知识 结构 ·从交际角度来看，语言所特有的语法规则 ·目的语言的写作手法 交际策略 ·找出演讲或者书面文字中的主要观点 ·找出口语交际和文本中的具体信息 ·组织个人信息 ·在口语互动的情境中，依靠非语言交际或者谈话人的帮助 ·在语言产出和翻译时，依靠写作辅助

七、芬兰小学外语课程标准对我国的启示

(一) 增强课程灵活性

芬兰基础教育国家核心课程主要强调的是国家对教育的宏观指导，对各学科课程标准的规定较少，教育当局或学校可以在国家核心课程框架结构内针对地方、学校和学科特色构建多样化、个性化的课程。具体到小学英语课程标准，芬兰课程标准不像中国那样对目标、内容等进行具体而微的规定，

而是仅仅作一般性概括，这使教师在教学过程中拥有较多空间与弹性。芬兰课程标准的概括性特征在某种意义上源自该国特有的"信任文化"和放权倾向。相比之下，我国的课程标准虽然纲举目张、规定具体，但是在一定程度上缺少灵活性。由于地域广博，我国小学英语教育存在较大的地区和学校差异，这客观上需要赋予教师更多灵活选择的空间。在这一点上，芬兰课程标准可以带给我们一定启示。

(二) 注重跨文化交际

中国与芬兰课程标准对于培养学生的跨文化意识和能力均有一定表述，但是相比之下芬兰对于跨文化交际更加关注。究其根源，芬兰地处欧洲，属于欧盟成员国。再者，芬兰存在鲜明的多语言文化。上述两大特点决定芬兰人需要频频进行跨文化交流，所以芬兰课程标准对于跨文化交际意识比较关注。相比之下，我国民众的跨文化需求偏弱。尽管如此，在全球化时代，许多人都可以通过各种途径参与全球化，这不仅有利于个人，而且有益于国家发展。有鉴于此，我国课程标准应当适当汲取芬兰经验，增强对培养跨文化交际意识和能力的关注。

第三章 中国与南非小学英语课程标准比较研究

一、南非小学英语课程标准简介

自南非共和国成立以来，对教育进行了大刀阔斧的改革。在南非课程改革过程中，为了从根本上改变种族歧视色彩浓厚的原有教育现状，南非政府在相关教育法律政策出台的基础上，开始修订国家统一的课程标准。1997年，政府制定和实施了南非首个核心课程指导文件《课程2005》。之后，政府评审委员会对该文件进行多方面考察，发现其存在诸多问题。经过慎重讨论研究，南非政府决定修订一份国家课程声明。2000年至2008年，《R-9年级修订的国家课程声明》和《十至十二年级国家课程声明》（R指the reception year,相当于我国的学前教育）相继产生。2009年，针对调查过程中出现的问题，调查小组提出将目前国家课程标准简化成一套简单的连贯R-12年级每个阶段每个科目的课程文件，即《R-12年级国家课程声明》。该声明在2012年至2014年逐步取代科目声明（Subject Statement）、学习计划指南（Learning Program Guidelines）及R-12年级的科目评估指南

(Subject Assessment Guidelines)。①与此同时，《R–12年级国家课程声明》取代了《R–9年级修订的国家课程声明》和《十至十二年级国家课程声明》，成为如今南非重要的课程指导性文件。

南非的官方语言为英语和南非荷兰语，与此同时另有9种获得官方地位的地方语言，如祖鲁语、科萨语等。南非政府根据国家情况，因地制宜制定和实施了具有不同水平要求的语言课程标准。南非现行英语课程标准一共有三个版本，本文所研究的小学英语课程标准是指英语作为第一附加语言(English-First Additional Language) 的南非国家课程标准。

二、课程标准框架比较

(一) 中国小学英语课程标准框架

中国的义务教育英语课程标准是由以下几个部分组成的:

第一部分，前言。介绍了课程性质、课程基本理念、课程设计思路三部分内容。课程性质介绍了英语课程的工具性和人文性双重性质。课程基本理念介绍了课程设置的总体思想。课程设计思路介绍了课程标准设计中强调和注重的问题。

第二部分，课程目标。介绍了总目标和分级目标两部分内容。总目标是对学生义务教育阶段的英语学习提出一个总要求，而分级目标是将整个义务教育分为五个级别，要求不同级别的学生完成相应阶段的目标。

第三部分，分级标准。介绍了语言技能、语言知识、情感态度、学习策略、文化意识五部分内容。这五部分内容针对不同级别，做出了详细规定。

第四部分，实施建议。介绍了教学建议、评价建议、教材编写建议、课程资源开发与利用建议这四个方面的内容，为教材编写人员和教学人员留出了发展空间。

第五部分，附录。包括语音项目表、语法项目表、词汇表、功能意念项

① 龙秀《民主南非基础教育课程改革研究》，浙江师范大学硕士学位论文，2013年。

目表、话题项目表、课堂教学实例、评价方法与案例、技能教学参考建议、课堂用语九个部分。规定了各学习阶段的基本素材、呈现形式、语言知识和词汇表等。

（二）南非小学英语课程标准框架

新颁布的南非小学英语课程标准由《课程与评价标准——基础阶段（一至三年级）英语——第一附加语言》与《课程与评价标准——中间阶段（四至六年级）英语——第一附加语言》两个相互独立又有联系的政府文件构成。该文件是对南非R–6年级小学英语课程全面具体的要求，也是南非学生完成小学英语课程学习后必须实现的知识与能力目标。

根据表3–1可知，南非小学英语课程标准两个文件的框架与结构既有共性也有差异。文件第一部分是对国家课程标准的简介，包括课程标准制定的背景、课程标准的一般目标和总目标、不同阶段英语课程的时间安排。第二部分是对基础阶段与中间阶段英语课程在语言水平、教学方法、时间安排及使用材料上的进一步要求和说明。第三部分罗列了各个阶段不同年级英语课程的具体指标。两者的差异在于课程评估，即第一附加语言评价，在基础阶段呈现于课程内容与计划之中，而在中间阶段则单独列出作为第四部分，这是一至三年级与四至六年级英语课程标准框架与结构的最大不同之处。

表3–1　南非小学英语课程标准框架

基础阶段（一至三年级）	中间阶段（四至六年级）
第一部分：课程与评价标准简介	第一部分：课程与评价标准简介
第二部分：介绍	第二部分：介绍
第三部分：语言技能和教学计划的概述	第三部分：中间阶段语言技能教学内容与教学计划
第四部分：基础阶段文本类型	第四部分：第一附加语言评价
术语表	术语表

（三）中国与南非小学英语课程标准框架比较

1. 整体编排的差异

中国《义务教育英语课程标准（2011年版）》（以下简称《课标

(2011)》）是贯穿九年义务教育阶段的整体文件，由五大部分组成，分别是前言、课程目标、分级标准、实施建议和附录。南非小学英语课程标准由基础阶段（一至三年级）和中间阶段（四至六年级）两个文件组成，两个文件都包含五部分（见表3-1）。

两国课程标准框架的差异首先在于中国采用一个文件表述，而南非采用两个文件表述。这一差异源于两国小学英语开始的时间不同，中国从小学三年级才开始英语教学。诚然，三至六年级小学生身心发展存在年龄差异，但是差异相对于一至六年级而言较小。所以中国仅需一个课程标准，而南非采用了两个课程标准。

其次，中国课程标准比南非标准更加突出课程目标的作用。中国课程标准不仅对课程总目标和分级目标进行专门阐述，而且第三部分分级标准从标准表述方式看也属于课程细分目标的范畴。由此可见，中国课程标准具有鲜明的目标导向性。南非课程标准尽管在语言技能、教学内容与教学计划中对课程目标有所表述，但是就课程框架而言，南非标准对于课程目标的重视不如中国标准。

第三，南非课程标准中的教学计划和第一附加语言评价对应中国课程标准中的实施建议，但是后者比前者更加丰富。中国课程标准实施建议不仅包括教学建议和评价建议，而且包括教材编写和资源开发建议。由于教学是课程实施的中心环节，南非课程标准对课程实施的态度比较聚焦，而中国课程标准则更加全面。

2. 学段划分的差异

两国课程标准对学段的划分存在明显差异。中国《课标（2011）》将小学教育阶段的英语课程划分为两个学段：三、四年级和五、六年级。南非小学英语课程标准也为两个学段，但划分的时间段与我国有所不同，南非的两个学段分别为：基础阶段（一至三年级），中间阶段（四至六年级）。两国小学英语课程学段划分不同的主要原因是中国的英语课程直到小学三年级才开设，而南非在一年级就开设英语课程。

3. 课时分配的差异

在学习时间分配方面，中国《课标（2011）》规定义务教育阶段英语课时的安排应尽量体现短时高频原则，保证每周三四次教学活动，周课时总时间不少于80—90分钟。

南非对基础阶段和中间阶段英语课程规定了每周最少的课时框架结构。其中基础阶段一、二年级为2—3小时，三年级4—5小时，中间阶段四至六年级为5小时。在此基础上，教育机构可以根据学校条件、教学要求以及学生能力适当增加课时。

两相对比，中国《课标（2011）》中规定的小学英语总课时明显少于南非。不仅如此，南非除规定课时以外，各教育机构还可以在遵循总规定并使学生达到课标要求的前提下适当增加课时数。这使南非小学在英语课时安排上具有一定的灵活性，而中国则没有增加英语课时这一灵活安排。总体而言，小学阶段周英语课时数南非明显高于中国。究其原因，英语在中国属于外语，基本限于学校内使用，而在南非属于官方语言之一，在实际生活中广泛应用。

三、课程目标与内容比较

（一）中国小学英语课程目标与内容

中国小学英语课程内容包括语言技能、语言知识、情感态度、学习策略、文化意识。具体内容涵盖于各学段课程目标之中。语言技能主要包括小学一级学段和二级学段的听、说、读、写等；语言知识包括二级学段的语音、词汇、语法、功能和话题；情感态度主要是二级学段学生所要达到的情感态度标准；学习策略列举了二级学段学生在学习英语过程中应该掌握的一些基本学习策略；文化意识是二级学段学生需要达到的文化意识。具体内容参见相应课程目标说明（见表3-2、表3-3）。[1]

---

[1]中华人民共和国教育部《义务教育英语课程标准（2011年版）》，北京：北京师范大学出版社，2012年。

表3-2　课程目标结构

综合语言运用能力	语言技能	听、说、读、写
	语言知识	语音、词汇、语法、功能、话题
	情感态度	动机兴趣、自信意志、合作精神、祖国意识、国际视野
	学习策略	认知策略、调控策略、交际策略、资源策略
	文化意识	文化知识、文化理解、跨文化交际意识和能力

表3-3　一至二级分级目标描述

级别	目标描述
一级	对英语有好奇心，喜欢听他人说英语。 能根据教师的简单指令做动作、做游戏、做事情（如涂颜色、连线）。能做简单的角色表演。能演唱简单的英文歌曲，说简单的英语歌谣。能在图片的帮助下听懂和读懂简单的小故事。能交流简单的个人信息，表达简单的感觉和情感。能模仿范例书写词句。 在学习中乐于模仿，敢于表达，对英语具有一定的感知能力。 对学习中接触的外国文化习俗感兴趣。
二级	对继续学习英语有兴趣。 能用简单的英语互致问候，交换有关个人、家庭和朋友的简单信息，并能就日常生活话题作简短叙述。能在图片的帮助下听懂、读懂并讲述简单的故事，能在教师的帮助下表演小故事或小短剧，演唱简单的英语歌曲和歌谣。能根据图片、词语或例句的提示写出简短的描述。 在学习中乐于参与、积极合作、主动请教，初步形成对英语的感知能力和良好的学习习惯。 乐于了解外国文化和习俗。

中国《课标（2011）》在第三部分分级标准中对上述五种课程内容进行了具体表述；这里恕不一一举出。

（二）南非小学英语课程目标与内容

南非课程标准第三部分英语课程的教学内容与计划相当于我国课程标准中的目标与内容。南非小学一学年由四个学期构成，每个学期有10周左右。小学英语课程标准对不同年级每一学年的四个学期分别进行了具体说明。基础阶段主要从听力与口语、阅读与浏览、写作与书写三个维度展开，思考、推理、语言结构和应用整合在听、说、读、写四种语言技能之中。[①]中间阶段则从听力与口语、阅读与查看、写作与呈现、语言结构和语法四个方面展开。

南非小学英语课程标准中的课程内容与目标呈现出由浅入深、从简单到复杂、连续不断螺旋上升的特点。如表3-4，从"不断地听"上升到"在整个班级和小组集会中轮流讲"，从三个活动项目扩大为五个，从"唱歌"发展到"说诗歌和童谣"。总体而言，一年级第二学期日常活动内容指标较之于第一学期，范围扩大，要求提高，目标层次提升显著。凡此种种，均体现出从简单到复杂的认知发展过程。

南非课程目标与内容的语言表述具有可行性与操作性。首先，目标表述之后提供范例。例如，"讨论个人经历"可以讲新闻、天气或其他事情；"发展方向性"指从左到右、从上到下，画直线，加点，顺时针和逆时针方向转。所谓"听故事细节和其他口头文本并回答开放性问题"指回答类似"当你起床时你将干什么"的问题；所谓"读放大文本"指阅读诗、书籍、海报和电子文本等。其次，目标内容的叙述一般使用动词，如听、讨论、唱、说、认识。采用动词使目标表达更具体，操作性更强，行动指导意义更大。最后，课程标准对语言运用策略性知识有所体现。例如，中间阶段的英语写作与呈现目标提供了写作过程性策略，包括计划、起草、修改、编辑、校对。综上所述，举例、采用动词和提供策略性知识使课程标准使用者对课程目标与内容的把握更精准，理解更透彻，行动更敏捷。

---

①Curriculum and Assessment Policy Statement (CAPS): Foundation Phase Grades 1-3, English first additional language, Republic of South Africa: Department of Basic Education, 2012, P.6-P.7.

表3-4　一年级口语与听力——日常生活活动目标

第一学期	第二学期
·不断地听	·不断地听，在整个班级和小组集会中轮流讲
·讨论个人经历:讲新闻，描述天气、新闻以及其他主题事件等	·讨论个人经历。例如按正确的顺序讲新闻消息
·唱歌并伴随着动作	·表演歌曲、故事、童谣
	·说诗歌和童谣并伴随着动作

(三) 中国与南非小学英语课程目标与内容比较

1. 两国课程目标与内容的共性

两国课程标准均将小学英语学习划分为两个阶段或级别。中国三、四年级为一级，五、六年级为二级。课程标准围绕语言技能、语言知识、情感态度、学习策略和文化意识五个维度对两个级别预设目标进行了总目标和分级标准的描述。南非小学英语课程标准分为基础阶段和中间阶段。每一阶段对课程目标作了分类描述。基础阶段主要从听力与口语、阅读与浏览、写作与书写三个维度展开分目标。思考、推理、语言结构和应用整合在听、说、读、写四种语言技能之中。中间阶段则从听力与口语、阅读与查看、写作与呈现、语言结构和语法四个方面展开。每一阶段语言技能之下提供更加具体的表述。

2. 两国课程目标与内容的差异

两国课程标准在课程目标与内容上存在一定差异。首先，中国《课标(2011)》明确语言技能、语言知识、情感态度、学习策略和文化意识五个维度，并就每个维度展开分级标准描述。五个维度兼顾语言工具性和人文性，所占篇幅大致相等，不存在厚此薄彼的现象。这符合我国英语课程彰显语言工具和人文双重性质的课程改革精神。相比之下，南非课程标准关注的焦点是语言技能和语言知识，文化意识和学习策略有所涉及，但是情感态度未涉及。这一课程安排体现出南非课程标准更加重视英语的工具性价值。中国与南非课程标准的这一差异反映了英语在两国地位的不同。英语在中国属于外语，而在南非属于重要官方语言。由于缺乏实际使用，中国课程标准比较强调英语的人文价值，而南非针对英语的实际用途，更加重视英语的工具价值。

四、课程实施建议比较

（一）两国课程实施建议

中国课程实施建议包括教学建议、评价建议、教材编写建议以及课程资源开发与利用建议四部分。南非课程标准没有独立的实施建议，相关建议涵盖在教学计划之中。与此同时，南非的评价建议单独列出。有鉴于此，此处不对评价建议进行比较。

中国课程标准的教学建议包括：面向全体学生，为每个学生学习英语奠定基础；注重语言实践，培养学生的语言运用能力；加强学习策略指导，培养学生自主学习能力；培养学生的跨文化交际意识，发展跨文化交际能力；结合实际教学需要，创造性使用教材；合理利用各种教学资源，提高学生的学习效率；组织生动活泼的课外活动，拓展学生的学习渠道；不断提高专业水平，努力适应课程的要求。教材编写建议包含四条原则：思想性原则、科学性原则、趣味性原则、灵活性原则。总体而言，中国课程的教学与教材编写建议高屋建瓴，从宏观层面提出了相关建议。

南非课程标准对小学英语教学时间安排与教学使用文本都做了明确规定与指导。课程标准对各年级英语教学时间做了具体规定（前文已述）。值得强调的是南非小学英语课程标准对不同年级在听力、口语、阅读、写作四个方面所占的最大或最小教学时间及每周总时间都做了明确规定。与此同时，南非小学英语课程标准还罗列了不同阶段所使用的教学材料，主要包括基础阶段各年级每学年英语课程资源列表，以及中间阶段英语课程教学文本类型与范围。小学英语课程标准中基础阶段的资源主要包括不同形式的文本、教学设备和服装道具等。中间阶段教学材料包括学生材料、教师材料与教室资源三部分。此外，课程标准根据教学进度、文本类型及其相互关系对学生的文本使用进行了详细指导。

（二）两国课程实施建议比较

两国课程标准对教学的建议有所不同。南非课程标准就每周教学时间、教学材料、文本类型以及教学工具提出了明确要求。与此类似，中国《课标（2011）》实施建议部分同样提出了教学建议、教材编写建议以及课程资源开发与利用建议。所不同的是，中国课程标准的教学建议属于宏观指导，并不存在规定性质，课程标准重视目标，淡化规定，留给教学更多操作空间。这是课程标准与以往教学大纲的区别。而南非课程实施建议的规定性较强，师生在教学过程中有案可循，有据可依，但是灵活性不够。相比之下，南非课程标准教学建议细致而明确，这一点集中体现于基础阶段课程标准第四部分。这一部分对于教学文本类型进行了细致的规定和表述。由此可见，南非课程标准在实施建议部分体现出更多教学大纲的性质。

五、课程评价比较

（一）中国小学英语课程评价建议

中国《课标（2011）》评价建议一共有九条，分别对评价作用、评价主体、评价关系等做了说明。具体如下：

1. 充分发挥评价的积极导向作用；

2. 体现学生在评价中的主体地位；

3. 依据课程目标要求确定评价内容与标准；

4. 注意评价方法的合理性和多样性；

5. 形成性评价要有利于监控和促进教与学的过程；

6. 终结性评价要注重考察学生的综合语言运用能力；

7. 注意处理教学与评价的关系；

8. 小学的评价以激励学生学习为主；

9. 合理设计和实施初中毕业学业考试。

（二）南非小学英语课程评价建议

南非小学英语课程标准基础阶段（一至三年级）没有具体的评价建议，评价标准散见于第三部分语言技能和教学计划概述中，这反映出南非小学英语初级阶段对学生英语水平没有强制性要求。中间阶段（四至六年级）第四部分则提出评价建议，具体阐述了非正式评价、正式评价、评价指标、记录和报告、适度的评价任务①。评价是一个通过各种形式收集、辨别、整合学习者信息的持续过程，包括四个步骤：生成和收集信息、评估信息、记录结果和使用信息。通过评价可以理解学生状况，提高教学效率，促进学生发展。评价包括正式和非正式两种方式。评价结果定期反馈给学生，帮助其改进学习。南非小学英语课程评价比较重视非正式评价，即通过学生的口语、拼写等语言活动的表现，观察和记录其英语发展程度。南非四至六年级英语评价包括七个任务和一次正式考试。其中，七个任务占总分值75%，而考试仅占25%。由此可见，南非课程标准格外关注形成性评价和学生发展。

（三）两国小学英语课程评价比较

1. 两国课程评价的共性

两国均重视形成性评价，重视教师对学生学习过程的关注。中国英语课程标准在评价建议部分提出的形成性评价是学生和教师共同参与和实施的评价活动。教师应当积极指导学生形成自我评价的学习行为和学习结果，有效调控学习过程。学生通过参与展现自我进步的各种评价活动可以获得成就感，增强学习自信心。南非课程标准强调非正式评价对教学的作用。非正式评价指通过观察、讨论、实际演示、师生会议、非正式课堂互动等形式对学生学习过程进行日常监控。非正式评价应当融于教学活动中，其结果要定期反馈给学生并体现于教学计划。非正式评价其实就是形成性评价。

两国课程标准都重视评价与教学的关系。中国课程标准在评价建议中指出，评价要服务教学、反馈教学、促进教学，要坚持以考察语言运用能力为主的命题指导思想。换言之，考或评都是为了教和学，评价服务于教学。与此类似，南非课程标准指出评价旨在促进学生发展，为教学提供必要数据，

---

①Curriculum and Assessment Policy Statement (CAPS) : Intermediate Phase Grades 4–6, English first additional language, Republic of South Africa: Department of Basic Education，2012，P.95–P.108.

改善教学质量。南非对于非正式评价的重视集中体现了以评促教、以评促学的精神。

2. 两国课程评价的差异

两者的差异在于南非对于评价的表述更加具体。中国课程评价建议高屋建瓴，而南非课程评价更加细致，更具有操作性。究其原因，英语在两国的地位和作用不同。南非将英语确立为官方语言，比较注重英语的日常应用，所以相关评价具体而微。英语在我国既非官方语言，也非第二语言，而是仅在学习环境中接触的外语，社会和生活中使用英语交流的氛围明显不足。英语学习更多被视为素质教育的一部分，所以评价倾向于总体激励，缺乏具体建议。两国课程评价建议另外一个不同点是南非更加注重形成性评价。诚然，近年来我国无论课程标准还是课程实施都越来越关注形成性评价，但是在实际操作层面上受传统应试教育氛围的影响，对形成性评价的重视依然不够。相比之下，南非七个评价任务占比75%，切实体现了形成性评价的作用。

六、南非小学英语课程标准对中国的启示

(一) 课程标准应当加强英语的工具性

诚如上文所述，南非课程标准比中国更加重视英语的实际用途，即重视英语的工具性价值。究其原因，英语属于南非官方语言，在南非具有广泛用途。因此，南非课程标准从目标、内容到评价均比较关注学生听、说、读、写的实际能力的发展及运用。相比之下，英语在我国属于外语，学生接触英语的环境主要在课堂，课外社会环境中运用英语的机会有限。因此，中国课程标准并未像南非那样突出强调英语的工具价值。鉴于英语在中国的外语地位，我国课程标准更加关注英语促进个人发展的人文价值。尽管如此，工具性 (交流和思维的工具) 是英语的基本属性，淡化工具性、强化人文性可能会模糊甚至削弱英语的本体价值。[①]因此，不妨借鉴南非课程标准，在发扬英

---

①王骏、陆军《多层次心智技能视域下的英语思维"工具性"》，《北京第二外国语学院学报》2015年第8期。

语人文价值的同时，我国课程标准应当适当增加英语的工具价值。

（二）课程标准应当全面详细

南非小学英语课程标准最显著的一个特点就是信息量大，涉及面广，表述详细且具体。其小学英语课程标准两个阶段文本的总页数达到212页，涵盖各教学领域。其课程标准主要包括：各个阶段所学语言的基本介绍，各年级教学展开的维度，不同年级、不同学期的教学目标与内容，详细具体的时间安排，文本使用情况，教学评估，等等。同时，为了便于使用者理解与把握，课程标准对各领域不同子目标做了进一步说明。南非课程标准将小学分为基础（一至三年级）和中间（四至六年级）两个阶段，内容详细充实。反观中国《课标（2011）》，虽然有180页，但是其中有135页为附录部分（其中约50页为词汇表），真正课程标准内容部分仅仅有40多页。因此，我国可以适当借鉴南非经验，进一步完善和细化小学英语课程标准，切实提高其指导作用。

（三）课程标准语言表述应当凸显操作性

南非小学英语课程标准明确规定了学习者所要达到的具体指标，相关表述明确、具体、可操作。在课程标准目标与内容方面，列举了不同维度下的各级具体指标，提供了指标达成策略（包括元认知策略和认知策略）。例如，四年级第一学期演讲指标相关策略为"选择相关内容使用开始、中间和结束结构；围绕主题使用逻辑组织；使用演讲技巧，如音调、暂停、姿势"；写作策略包括计划、起草、修改、编辑、校对与呈现。策略性知识及其动词表述与举例有助于教师展开具体教学活动，引导学生掌握相关策略技能。中国《课标（2011）》虽然在总目标下对各分级目标进行了描述，并且对语言技能、语言知识、文化意识、情感态度、学习策略进行了分级标准描述，但是只有目标的描述，没有说出如何做才能达到目标。诚然，课程实施部分提供了教学建议，但是建议比较笼统、宏观，可操作性有待提高。课程标准是对课程的指导性文件，增强表述的可操作性有助于提高课程标准的实际指导功能。在这一点上，南非的经验值得中国借鉴。

第四章　中国与加拿大小学外语课程标准比较研究
——以加拿大安大略省为例

一、加拿大小学外语课程简介

随着全球经济的发展，各国教育正在发生深刻变化。当前，教育的发展与变革已成为世界各国应对激烈国际竞争的重要战略。教育发展要求教育不断改革，而课程改革是教育改革的核心。外语教学作为基础教育的重要组成部分，有着独特的社会、文化价值，受到各国普遍重视。

2001年我国颁布了《全日制义务教育普通高级中学英语课程标准（实验稿)》，将英语列为我国义务教育的重要科目，规定从小学三年级开设英语课程。这是我国外语教学政策上的一大重要转变。经过十年的经验总结，2011年出台了《义务教育英语课程标准（2011年版)》，在基本延续《全日制义务教育普通高级中学英语课程标准（实验稿)》整体思路的基础上，对某些内容做了微调。在归纳总结自身经验的同时，我们也应关注其他国家的外语课程改革，借鉴经验，吸取教训，完善我国英语课程。

"加拿大拥有世界公认的完善的教育体系，具备世界一流的大学、中学、小学教育。尤其在公共教育方面，加拿大公民或永久居民及其子女从小学到中学全部实行免费教育，是人均教育资源占有量最富裕的发达国家。加拿大在公共教育方面良好的发展态势，令其稳居世界教育大国的前列。"①

加拿大是一个多民族、多语言的多元文化国家。据官方统计，加拿大人口约三分之一为英语民族，三分之一为法语民族，三分之一为少数民族。由于移民人数的增加，说英语的人数呈逐年上升趋势，而说法语的人数却逐年减少。除魁北克省以外，说法语的人数越来越少。联邦政府为了维护国家统一和社会稳定，于1969年通过了《官方语言法案》（The Official Language Act)，宣布英语和法语同为加拿大官方语言，两种语言享有同等地位。该法案的实施大大促进了加拿大在各级各类学校中开展双语教育，即以英语或法语为第二语言的双语教育。位于加拿大东部的安大略省（以下简称为安省）是加拿大的教育大省。安省共有60个以英语为第一语言的中小学学区，在这些学区的中小学里，法语作为第二语言（French as A Second Language，简称FSL）开设。在安省的法语教学有三种形式FSL课程：基础法语课（Core French)、长时法语课（Extended French）和沉浸式法语课（French Immersion)。FSL大纲规定基础法语课是必开课。基础法语课将法语作为一门语言课程进行教学，是安省中小学FSL课程的重要形式。小学阶段基础法语课至少从四年级开始设置，长时法语课和沉浸式法语课根据各地区、学校的情况选择开设。本文主要研究基础法语课。

加拿大在FSL教学和研究方面取得了很多经验。这些经验对于全球外语教学具有重要价值。本文将介绍安省小学FSL课程，分析安省在FSL教学方面的特色，以期为我国的小学英语课程改革提供参考。与此同时，中加课程标准比较可以反映出我国英语课程标准以及课改过程中存在的不足，这将为教育工作者尤其是小学英语教师提供一定参考，以利于他们在教学实践中扬长避短，达到课程标准的理念和目标。

---

①许江媛《加拿大公共教育发展史研究》，华东师范大学博士学位论文，2007年。

二、课程标准框架比较

"课程标准的框架是指同一套课程标准的具体格式，这主要是规范一个国家或地方的各个领域或各门课程在学生学习结果方面的陈述方式。"[1]课程标准框架是课程各部分内容及其关系的简要呈现。对其进行分析可以从整体上把握一国课程情况。

我国小学英语课程标准较简短，共分为五个部分，表4-1是我国小学英语课程标准的基本框架：

表4-1　我国小学英语课程标准基本框架

第一部分　前言	课程性质
	课程基本理念
	课程设计思路
第二部分　课程目标	总目标
	分级目标
第三部分　分级标准	语言技能
	语言知识
	情感态度
	学习策略
	文化意识
第四部分　实施建议	教学建议
	评价建议
	教材编写建议
	课程资源开发与利用建议
第五部分　附录	语音项目表
	语法项目表
	词汇表
	功能意念项目表
	话题项目表
	课堂教学实例
	评价方法与案例
	技能教学参考建议
	课堂用语

①崔允漷《国家课程标准与框架的解读》，《全球教育展望》2001年第8期。

作为安省第二语言的法语课程标准篇幅较长，共三百多页，包括九个部分：序、引言、FSL课程计划、学生学业成就的评价与评估、FSL课程设计的一些考虑、基础法语课程（四至八年级）、长时法语课程（四至八年级）、沉浸式法语课程（一至八年级）以及术语表，各部分详情见表4-2。

表4-2 加拿大安大略省法语课程标准基本框架

序	21世纪的小学
	支持学生发展及学习能力
引言	FSL课程目标
	FSL课程的重要性
	FSL课程的基本原则
	FSL课程的角色及地位
FSL课程计划	FSL课程计划概观
	课程期望
	FSL课程组成部分
学生学业成就的评价与评估	基本考虑
	FSL成绩评估表
FSL课程设计的一些考虑	教学方法
	交叉课程与综合学习
	对有特殊教育需要的学生的FSL课程计划
	对英语语言学习者的考虑
	FSL课程中的环境教育
	健康的关系与FSL课程
	FSL课程中的平等、包容教育
	FSL课程中的金融通识教育
	FSL课程中的文学、数学素养、探究精神
	FSL课程中的批判性思维、批判素养
	校图书馆在FSL课程中的作用
	信息及通信技术在FSL课程中的作用
	FSL课程的教育及职业规划
	FSL课程中的健康与安全

续表

基础法语课程	四至八年级总目标及具体目标
长时法语课程	四至八年级总目标及具体目标
沉浸式法语课程	四至八年级总目标及具体目标
术语表	术语表

两国课程结构框架存在明显差异。首先，中国课程标准将英语视为外语课程，而加拿大课程标准则将法语视为第二语言（以下简称"二语"）。外语和二语的不同在于前者仅限于校内（尤其课堂内）接触、学习、使用，而二语则在日常生活中获得一定使用。鉴于法语的二语地位，加拿大课程标准比较关注法语和金融、数学等交叉课程之间的联系。其次，中国课程标准显然属于目标模式，即以目标为导向进行设计。中国课程标准中的课程目标和分级标准均属于目标范畴，其中分级标准属于在不同学段的细分目标。反观加拿大课程标准，尽管它也包含课程目标内容，但是总体而言加拿大课程标准并非以课程目标为核心。第三，加拿大课程标准体现出一定的社会性，即其课程标准比较重视法语和健康、安全、职业规划之间的关系。这在一定程度上同样是法语作为第二语言地位的反映。相关内容在中国课程标准中则没有涉及。第四，加拿大课程标准将法语学习分为基础、长时、沉浸式法语学习，尤其沉浸式法语学习是加拿大外语教学的特色所在，中国课程标准则无此分类。

三、课程理念比较

"理念"可以理解为某项事业的价值追求和实施策略。小学英语课程标准中的理念为英语教育实践提供一种理性的规范。新课标对我国小学英语课程的基本理念作了以下描述。

（一）中国小学英语课程理念

1. 面向全体学生，注重素质教育。

英语课程要面向全体学生，注重素质教育。课程特别强调要关注每个学生的情感，激发他们学习英语的兴趣，帮助他们建立学习的成就感和自信心，使他们在学习过程中发展综合语言运用能力，提高人文素养，增强实践能力，培养创新精神。

2. 整体设计目标，体现灵活开放。

基础教育阶段英语课程的目标是以学生语言技能、语言知识、情感态度、学习策略和文化意识的发展为基础，培养学生英语综合语言运用能力。我国课程标准将义务教育阶段的课程目标设定为五个级别，并以学生"能够做某事"具体描述各级别的要求，这种设计旨在体现基础教育阶段学生能力发展循序渐进的过程和课程要求的有机衔接，保证国家英语课程标准的整体性、灵活性和开放性。

3. 突出学生主体，尊重个体差异。

学生发展是英语课程的出发点和归宿。英语课程在目标设定、教学过程、课程评价和教学资源开发等方面都突出以学生为主体的思想。课程实施应成为学生在教师指导下构建语言知识、提高语言技能、拓展文化视野、活跃人文思维、磨砺意志、展现个性、发展心智的过程。

4. 采用活动途径，倡导体验参与。

本课程倡导任务型教学模式，让学生在教师指导下，通过感知、体验、实践、参与和合作等方式，在完成任务的同时习得语言。与此同时，任务型教学有助于学生形成积极的情感态度，培养有效的语言学习和交际策略。

5. 注重过程评价，促进学生发展。

建立能激励学生学习兴趣和自主学习能力发展的评价体系。该评价体系由形成性评价和终结性评价构成。在英语教学过程中应以形成性评价为主，注重培养和激发学生学习英语的积极性和自信心。终结性评价应着重检测学生语言综合运用能力。评价要有利于促进学生语言运用、文化意识和思维能力的发展，促进教师英语教学水平的提高，促进英语课程的不断发展与完善。

6. 开发课程资源，拓展学用渠道。

英语课程要力求合理利用和积极开发课程资源，给学生提供贴近学生实际、贴近生活、贴近时代、内容健康和丰富的课程资源；要积极利用音像、书刊、网络信息等丰富教学资源，拓展英语学习和运用渠道；积极鼓励和支持学生主动参与课程资源的开发和利用。①

（二）加拿大小学法语课程理念

安省FSL课程重视学生的交流、互动技能以及对法国文化的了解。FSL课程标准重视法语语用能力，强调学生将语言知识运用于真实场景，在运用过程中充分考虑交流目的、受众与情景等因素。FSL课程基本理念（fundamental concepts或者enduring ideas）如下：

1. 真实的口语交际：接收、产出及互动。

学习语言的最主要目的就是交流。交流是一项社会活动，所以在FSL课程中学生应把自己当作社会场景中真实的人物，为了达到真实意图而交流。教师要为学生提供可理解性输入（comprehensible input）。输入要与学生、语境、场景有关，稍高于学生现有知识水平，为学生搭建支架。可理解性输入有助于学生习得并输出语言，即进行说和写。语言互动应当以目标语作为中介进行有意义的交流。换言之，课程标准建议教师和学生在课堂内外应尽可能多地使用法语。

2. 听力、口语、阅读、写作：相互联系但不尽相同。

听、说技能是读、写的跳板。FSL课程平衡处理这四大相互联系、相互区别的技能。依照相关理论，二语习得顺序（尤其对于儿童）依次为听、说、读、写，课程标准基本采用这一顺序进行教学，同时关注技能之间的相互作用。

3. 发展语言学习策略。

成功的语言学习者都能使用一系列策略帮助自己有效学习，相关策略主要包括认知策略和元认知策略。FSL课程理念提倡显性策略教学，通过策略学

---

①中华人民共和国教育部《义务教育英语课程标准（2011年版）》，北京：北京师范大学出版社，2012年。

习，学生能够对法语学习进行计划、监控和调节，使学习富有活力，充满成效。FSL课程目标之一是培养学生的元认知能力，即对自身外语学习进行反思调节的能力。学生应当学会对自己的外语学习负责，了解学习能力，监控学习过程，对外语学习结果进行评价。凡此种种均是外语学习能力的体现，不容小觑。加拿大课程标准不仅关注学习策略的掌握，而且重视学习策略的内化和迁移，从而使学生能够在实际学习过程中比较自如地运用策略。

4. 语言和文化相互依赖。

语言和文化不可分割。语言既是文化内容，也是文化载体，掌握外语有助于了解外国文化。FSL课程在语言技能之外力图培养学生的跨文化意识和跨文化交际能力。教师鼓励学生了解法国文化，探索法国文化，将文化意识融入语言交流，由此形成有效得体的跨文化交际能力。

5. 与真实世界建立联系。

FSL课程与学生的真实生活有紧密联系，通过参与真实的语言交际活动，学生可以发现法语是一项重要技能。加拿大拥有得天独厚的法语资源，学生可以通过与法语人士交谈发展语言运用能力。此外，为了增强学生语言学习的"真实性"，教师采用多种方法，包括真实语料、多媒体资源，交换生活动、语言训练营、实地考察旅行以及社区活动等。课程教学与真实世界相联系有助于培养学生的语言运用能力。

6. 重视思维。

与中国相比，加拿大比较注重学生批判和创新思维能力的训练。加拿大课程标准强调高级思维技能的培养，学生不仅需要深层理解语言信息，而且要能够对其进行反思、欣赏、批判和评价。高层次思维能力是创新源泉，在创新人才培养成为时代呼唤的背景下，我国的英语课程改革正在进行相关尝试。然而，对比加拿大课程相关内容，我国课程标准虽然提及培养学生的创新精神，但是对学生思维能力的培养显然不够。加拿大课程帮助学生在外语学习中培养批判性和创造性思维。教师在教学过程中注意引导学生借助各种语言线索、情景暗示以及心理图式理解内容，并对内容进行价值分析与判断，由此培养学生的思辨能力。

（三）两国课程理念比较

比较中加两国课程理念，可以发现加拿大课程理念具有鲜明的语言特色。其中，第1、2、5条理念涉及听、说、读、写四项语言技能及应用，第4条理念提出语言和文化之间的关系，第6条论述语言与思维的关系，第3条理念和语言的学习方法相关。简而言之，加拿大课程理念均直接围绕语言的学习和应用展开，具有鲜明的工具导向。相比之下，中国课程理念具体内容虽然涉及语言，但是就标题而言语言针对性不强。具体分析可以发现中国课程理念不仅涉及学生的外语语言发展，而且涉及其综合素质发展，在语言工具性导向之外，更多体现人文发展导向。

四、课程目标比较

中国英语课程目标分为总目标和分级目标。基础教育阶段英语课程的总目标是培养学生的综合语言运用能力。综合语言运用能力的形成建立在学生语言技能、语言知识、情感态度、学习策略和文化意识等素养整体发展的基础上。分级目标均以上述五个方面的综合表现为基础进行描述。三、四年级应完成一级目标，五、六年级应完成二级目标。中国小学英语课程分级目标如表4-3所示：①

表4-3　中国小学英语课程分级目标

一级目标	二级目标
对英语有好奇心,喜欢听他人说英语。　能根据教师的简单指令做动作、做游戏、做事情（如涂颜色、连线）。能做简单的角色表演。能唱简单的英文歌曲，说简单的英语歌谣。能在图片的帮助下听懂和读懂简单的小故事。能交流简单的个人信息，表达简单的感觉和情感。能模仿范例书写词句。	对继续学习英语有兴趣。　能用简单的英语互致问候，交换有关个人、家庭和朋友的简单信息，并能就日常生活话题作简短叙述。能在图片的帮助下听懂、读懂并讲述简单的故事，能在教师的帮助下表演小故事和小短剧，演唱简单的英语歌曲和歌谣。能根据图片、词语或例句的提示写出简短的描述。

①中华人民共和国教育部《义务教育英语课程标准 (2011年版)》，北京：北京师范大学出版社，2012年。

续表

一级目标	二级目标
在学习中乐于模仿，敢于表达，对英语具有一定的感知能力。	在学习中乐于参与、积极合作、主动请教，初步形成对英语的感知能力和良好的学习习惯。
对学习中接触的外国文化习俗感兴趣。	乐于了解外国文化和习俗。

加拿大FSL课程目标按照不同年级对学生知识和技能的要求，分为总体目标（Overall Expectations）和具体目标（Specific Expectations）。每个年级均根据听、说、读、写四项基本技能分别列出三项总体目标与各自的具体目标。听力的总体目标从理解（listening to understand）、互动（listening to interact）、跨文化理解（intercultural understanding）三个方面来阐述。口语的总体目标由交际（speaking to communicate）、互动（speaking to interact）、跨文化理解（intercultural understanding）构成。阅读的三个总体目标为阅读理解（reading comprehension）、目的（purpose），形式（form），风格（style）、跨文化理解（intercultural understanding）。写作的总体目标为目的（purpose），读者（audience），形式（form）、写作过程（the writing process）、跨文化理解（intercultural understanding）。各年级的总目标构成要素均为上述几点，根据年级的不同而难度递增。

比较两国课程目标，可以发现加拿大的课程目标基本围绕语言技能进行描述，而中国课程目标则围绕语言技能、语言知识、情感态度、学习策略和文化意识五大维度进行描述。显而易见，前者聚焦于语言工具性目标，而后者兼顾语言工具性和人文性目标。这在很大程度上体现了两国外语课程标准性质的差异。

五、课程内容比较

中国小学英语课程内容主要包括五个方面：语言技能、语言知识、情感态度、学习策略、文化意识。相比之下，加拿大课程内容表述比较简单，主要围绕语言技能进行描述，语言知识、情感态度、学习策略和文化意识融合在语言技能之中。有鉴于此，下文主要就听、说、读、写四项语言技能对两国课程内容进行比较。

（一）听力内容比较

中国小学英语课程标准对二级听力的要求如下：

1. 能在图片、图像、手势的帮助下听懂简单的话语或录音材料；

2. 能听懂简单的配图小故事；

3. 能听懂课堂活动中简单的提问；

4. 能听懂常用指令和要求并做出适当反应。

加拿大安省FSL课程标准对于听力内容标准描写得十分详细，各年级均有加深，本文仅选取八年级（小学毕业）的标准来与中国标准进行对比（见表4-4）。

表4-4　安省FSL课程标准八年级听力具体内容

使用听力理解策略 （using listening comprehension strategies）	激活已有知识并应用到新内容的学习中； 基于开放性评论能预测记叙类文章或报告的内容； 运用自问策略监控是否听懂； 运用不同的笔记策略追踪主要观点和支撑观点。
展示理解 （demonstrating understanding）	听电影评论并能指出评论者欣赏该电影的哪一部分及其原因； 听话题熟悉的访谈，总结出主要观点； 听标语判断是何产品； 听关于社会或环境问题的问答并设计海报传达主要思想； 听广告，根据重要性列出其主要观点。
使用互动的听力策略（using interactive listening strategies）	小组讨论中紧跟谈话，并作出相应的贡献； 有礼貌地质疑别人的观点，不带有个人偏见； 评论、质疑正在进行的谈话以示自己感兴趣。
互动（interacting）	聆听同伴关于电影评论的反应，思考自己赞同与反对的地方； 在关于旅游景点的小组讨论中聆听别人的见解，分享自己的偏好。
元认知（metacognition）	向教师和同学描述阻碍自己听力的因素以及发现对听力有帮助的策略； 认识到自己作为聆听者的优势和短处，思考如何改进、提高听力能力。
跨文化意识（intercultural awareness）	会使用口语表达法语文章传达的信息； 能识别欧洲的法语国家； 找到自己国家文化的主要方面； 将自身经历、自己的社区与其他社区联系起来。
社会语言习俗意识（awareness of sociolinguistic conventions）	理解在不同法语社区使用的各种语言习俗

由于我国将英语作为一门外语课程教授，而加拿大则将法语作为二语，所以其听力标准明显高于我国。中国二级听力标准仅仅限于课堂指令、简单对话或配图小故事，而加拿大听力则涉及开放辩论、电影评论或社会环境问题等听力材料。就语篇而言，中国听力材料基本属于单句或简单语篇，而加拿大听力材料则为连续中长语篇。就听力要求而言，中国标准仅仅需要理解信息，而加拿大标准不仅要求理解，而且需要对信息进行思考辨析。简而言之，加拿大听力标准无论广度还是深度都远高于中国。

(二) 口语内容比较

中国新课标要求二级学生达到以下标准：发音清楚、语调达意；能就所熟悉的个人和家庭情况进行简短对话；能运用一些最常用的日常套语 (如问候、告别、致谢、致歉等)；能在教师帮助下讲述简单的小故事。

安省八年级对于口语交际的总目标是能使用法语交流，根据目的与对象的不同选取恰当的语言。具体的目标如表4-5：

表4-5 安省FSL课程标准八年级口语交际具体内容

使用口语交际策略 (using oral communication strategies)	根据传达的信息和文本调整音量、语调； 角色扮演中使用戏剧性停顿来制造悬疑； 传递口头信息。
输出口语交际 (producing oral communication)	发出命令、给予指示、给出说明； 咨询及给予建议； 分享活动及爱好； 评论电影、小说等； 能做青少年关心的环境问题、财政问题的口头报告。
流利表达 (speaking with fluency)	以最少的停顿给出清晰的方法说明； 朗诵诗歌，停顿准确，能正确传递诗歌的思想。
使用口语互动策略 (using speaking interaction strategies)	看着对方清楚地讲； 了解什么时候讲话、什么时候倾听； 能复述信息，确认理解； 当别人表意不清时会要求重复、解释。

续表

互动（interacting）	与教师、同伴交流活动、兴趣等信息； 在文学作品中分享观点，对别人的观点做出回应； 在同伴互评活动中做出反馈； 在辩论中辩护自己的观点。
元认知（metacognition）	向教师和同学描述阻碍自己口语的因素以及发现对口语交际有帮助的策略； 解释在教师与学生座谈会中是怎样监控自己的口语技能的； 设定短小、可达到的目标提高口语交际能力、增加信心、维持动力。
跨文化意识（intercultural awareness）	能交流有关欧洲法语国家的信息，包括他们文化的各方面； 将自身经历和自己的社区与其他社区建立联系。
社会语言习俗意识（awareness of sociolinguistic conventions）	理解不同法语社区使用的各种语言习俗，并在口语交际中能恰当地使用。

　　中加两国课程标准相比，中国符合外语标准，而加拿大符合二语标准。和听力一样，加拿大口语标准明显高于中国。中国标准仅仅需要学生进行简单对话，而加拿大标准则需要学生就小说、电影、环境、财政等问题发表评论。此外，加拿大标准更加重视口语交际中的元认知和策略使用。这与法语在加拿大的二语地位不无关联。二语环境意味着法语在课堂以外具有运用环境与需求，口语交际尤其为日常生活所必须，这要求学生不仅能够用法语进行口头表达，而且需要表达得体。因此，其课程标准比较重视口语交际策略。

　　（三）阅读内容比较

　　阅读教学是语言教学的基本环节，是形成学生语言能力的重要基础，而且是一切智力活动的基础，直接影响听、说、写等语言能力的培养，是现代文明人在精神生活上不可或缺的生存手段。

　　我国英语课程二级阅读目标为：

　　1. 能认读所学词语；

　　2. 能根据拼读的规律，读出简单的单词；

3. 能读懂教材中简短的要求或指令；

4. 能看懂贺卡等所表达的简单信息；

5. 能借助图片读懂简单的故事或小短文，并养成按意群阅读的习惯；

6. 能正确朗读所学故事或短文。

加拿大FSL课程八年级阅读内容如表4-6：

表4-6 安省FSL课程标准八年级阅读具体内容

使用阅读理解策略（using reading comprehension strategies）	利用头脑风暴将先前的知识及经验与课文中的具体经验联系起来； 利用画面线索推测文章内容的类型； 通过阅读和提问监测理解。
为意义阅读（reading for meaning）	从菜单上选择最喜欢的菜品； 在学校时间表上找到日程上的课程； 与同伴分享笔友来信的细节； 阅读电脑游戏的说明并向同学展示如何操作。
流利地读（reading with fluency）	利用笔迹、声学线索拼读长单词； 流利朗读，并带有恰当的表情、重音、停顿； 熟练地认出之前见过的单词。
发展词汇（developing vocabulary）	根据感兴趣的主题和话题建立自己的词汇表； 编制日常使用的专门名词； 在百科全书的帮助下扩充词汇量； 使用在线词典等技术积累词汇。
文体作用（purpose of text forms）	杂志——提供富含信息、富有想象、生动有趣的文章； 网站或百科全书——提供关于某一学科关键信息的相关摘要； 小说——以娱乐手法描绘想象的事件、人物。
文体的特点（characteristics of text forms）	杂志——封面人物、目录、广告、特色文章、社论、照片； 小说——心理感悟、人物描写、对话、背景描述； DVD封面——说明、标题、作者、广告、故事梗概。

续表

元认知（metacognition）	向教师和同学描述阻碍自己阅读的因素以及发现对阅读有帮助的策略； 认识到自己作为读者的优势和短处，思考如何改进、提高阅读能力。
跨文化意识 （intercultural awareness）	利用在线百科全书或欧洲地图找到法语国家或经常说法语的国家； 识别法语国家的象征、个性、地标、组织、传统，并联系自身经历。
社会语言习俗意识（awareness of sociolinguistic conventions）	比较瑞士、比利时及法国的菜单，发现类似菜品的不同描述； 比较地区法语与标准法语的区别； 识别不同法语国家致谢、邀请等不同表达方式。

总体而言，我国课程标准同阶段阅读要求涉及文本类型较少，主要为低幼儿童文学读物，而加拿大阅读文本比较多元，既包括诗歌、小说等文学读物，也包括菜单、课程表、广告和百科全书等实用阅读，这与法语在加拿大的二语地位有关。此外，我国课程标准仅仅关注阅读能力，即能读什么，而加拿大标准不仅关注阅读能力，而且重视预测、监控等阅读策略。再者，与中国相比，加拿大标准比较关注语言和其他学科之间的横向联系，即要求学生阅读其他学科摘要等信息。这充分体现出法语在加拿大的二语地位和功能。就标准表述而言，我国比较笼统，而加拿大课程标准不仅有要求，而且提供具体例子，可操作性强。

（四）写作内容比较

写作是学生输出知识的一个重要途径，在语言学习中起到检测知识、巩固输入的作用。我国小学新课标要求学生在五、六年级能够模仿范例写句子，能写出简单的问候语，能根据要求为图片、实物等写出简短的标题或描述，能基本正确地使用大小写字母和标点符号。

加拿大对八年级写作的总体目标为：根据意图和读者的不同使用不同格式、结构、习惯；利用不同写作程序组织内容、澄清观点、修正错误，有效呈现作品；在写作中展现不同法语国家的文化习俗，在不同场合使用特定的社会语言习惯。表4-7为安省八年级写作具体内容。

表4-7 安省FSL课程标准八年级写作具体内容

确定目的及读者（identifying purpose and audience）	通过海报进行社区宣传； 发邮件告知教师、同学即将发生的校园事件； 在班级报纸上发布活动信息等。
进行多种形式的写作（writing in a variety of forms）	海报、宣传册、广告传单——标题、具体说明、简介； 邮件、短信——标题栏、称呼语、签名栏、高频词缩写、日期、相关细节信息； 描述性文章——引言、细节、结尾。
应用语言习惯（applying language conventions）	根据教室环境选择词汇； 借助情感动词描述喜恶； 使用反身动词描绘日常行为。
形成、发展、组织内容（generating, developing and organizing content）	在信件写作练习中利用引导性问题确定目的及读者； 利用图表将主要观点分类、排序； 基于朗读或阅读捕捉大意并利用"快写"（quick writes）总结； 利用词汇墙激发灵感； 在确定写法、观点时考虑教师或同学的讨论、反馈。
草稿及修改（drafting and revising）	参与师生交流会，评价初稿； 再读文章，重新排列信息，提高文章的组织能力； 参考教师、同学的反馈修正分歧及整脚的过渡； 利用音形知识、类似单词、法语单词拼写规则及一系列合适的资源确认拼写正确、动词的时态使用得当。
制作终稿（producing finished work）	在封面、标题、表格、阐述、图片等方面加强清晰性与可读性。
元认知（metacognition）	向教师和同学描述阻碍自己写作的因素以及发现对写作有帮助的策略； 认识到自己作为作者的优势和短处，思考如何改进、提高写作能力。

续表

跨文化意识（intercultural awareness）	为网上百科全书写一栏介绍欧洲法语国家的文章； 描绘欧洲法语国家的某一景点； 写一封邮件介绍两个景点之间的路线。
社会语言习俗意识（awareness of sociolinguistic conventions）	问候、留言、礼貌用语； 非正式信件中称呼语及祝福语的表达； 自我介绍、询问、提供信息、介绍家庭成员等的准则； 法语日期的书写习惯。

两国关于写作的要求明显不同。我国在小学阶段仅要求学生学会写简单图片标题、简单问候语等句子层面信息，而加拿大课程标准写作要求既包括广告、短信等句子层面信息，更包括海报、信件等语篇层面内容。这一要求符合法语的二语地位。其次，加拿大的写作标准更加重视写作过程和策略。前者包括启发、初稿、修订、终稿等整个写作过程，后者涉及目标意识、读者意识、文化意识、文体意识等策略性要求。这有利于培养学生良好的写作习惯。

六、课程教学建议比较

我国英语新课标明确给出了教学建议，安省FSL课程教学建议包含在教学方法之中。表4-8是对中加两国教学建议的对比：

表4-8　中加两国教学建议对比

中国教学建议	安省教学建议
1. 面向全体学生，为每个学生学习英语奠定基础； 2. 注重语言实践，培养学生的语言运用能力； 3. 加强学习策略指导，培养学生自主学习能力； 4. 培养学生的跨文化交际意识，发展跨文化交际能力； 5. 结合实际教学需要，创造性地使用教材； 6. 合理利用各种教学资源，提高学生的学习效率； 7. 组织生动活泼的课外活动，拓展学生的学习渠道； 8. 不断提高专业水平，努力适应课程的要求。	1. 因人而异进行教学； 2. 教学设计； 3. 教学方法：行动导向教学法和交际法； 4. 口头语言的重要性：非正式交谈、讨论、正式话语； 5. 教学策略。

两相对比，中加两国教学建议存在较多共性。例如，两国都注重全体学生的发展，注重个体差异，讲究因材施教。"面向全体学生，为每个学生学习英语奠定基础"，这一教学建议是针对目前中国英语教学中普遍存在的两极分化和学生差异大的问题提出的。加拿大外来人口众多，学生水平参差不齐，所以关注学生差异。两国教学建议有一点共性值得注意：我国教学建议注重语言实践，并特别倡导进行任务型教学；加拿大教学方法则提出运用行动导向教学法和交际教学法。两国教学方法的名称虽然不同，其实质基本一致。无论任务型教学还是行动导向教学均属于交际教学法的范畴，其实质均是通过真实性交际活动引导学生感受语言、习得语言、运用语言。这体现了两国课程标准对培养学生外语实际运用能力的重视。

七、课程评价建议比较

我国小学英语新课标对课程评价的要求是通过评价使学生在英语课程学习过程中不断体验进步与成功，认识自我，建立自信，促进学生综合语言运用能力的全面发展；使教师获取英语教学的反馈信息，对教学行为进行反思和适当调整，促进教师不断提高教育教学水平；使学校及时了解课程标准的执行情况，改进教学管理，促进英语课程的不断发展和完善。评价要遵循以下理念：体现学生在评价中的主体地位；注重形成性评价对学生发展的作用；注意评价方法的多样性和灵活性；注重评价结果对教学效果的反馈作用；终结性评价要注重考查学生综合运用语言的能力；注意处理教学与评价的关系；各级别评价要以课程目标为依据。新课标特别指出，三至六年级英语教学评价的主要目的是激励学生的学习兴趣和积极性。评价形式应具有多样性和可选择性，评价应以形成性评价为主，以学生平时参与各种教学活动的表现和合作能力为主要依据。

加拿大安省FSL课程标准指出评价的最主要目的是促进学生的学习。为了确保评价有效，提高所有学生的学习水平，教师的教学实践和教育过程应当对所有学生做到公正、透明和公平；支持所有学生；精心策划课程期望和学习目标；尊重所有学生的兴趣、风格、需求和经验；在课程实施过程中与学生和家长进行适时沟通；为学生提供多种机会，让他们全方位展示自己的学习成果；不断给学生提供具体、明确、有意义的描述性反馈，以帮助学生改进学习和成绩；培养学生的自我评价能力，使他们能够评估自己的学习，设定特定目标，规划下一步学习。[①]

安省FSL课标提供了一份学生成绩评估表，表中将要求学生掌握的知识技能分为知识和理解、思维、交流、应用四类，学生成就分为四个等级，三级为省级学业成就标准。四个等级的达成程度使用了不同限定词，其中一级用"有限"（limited）来表述，二级用"一些或较多"（some）表述，三级用"大量"（considerable）表述，四级用"高水平"（high degree）或"全面"（thorough）进行表述。该等级表可以帮助师生就知识技能四个方面达成目标的程度获得具体评价。师生可以由此改进教与学，以便更加全面充分地达到目标。

比较两国课程标准评价可以发现我国评价标准比较全面,而加拿大评价标准比较具有针对性。我国评价标准涉及面广，既包括对学生的评价，也包括对教师的评价，既包括终结性评价，也关注形成性评价，既关注评价自身，也关注评价对教学和管理的反促作用。相比之下，加拿大标准主要针对学生的语言学习结果，具有较高针对性。其成绩评估表从知识和理解、思维、交流和应用四个维度对学生语言技能进行评估，可操作性强，具有鲜明的工具价值。

八、加拿大小学外语课程标准对中国的启示

长期以来，加拿大的外语教学因浸入式双语教学模式而备受关注。本文虽然没有对浸入式教学进行直接研究，但是该教学模式对加拿大的整个外语教学具有潜移默化的影响。换言之，加拿大的外语课程具有诸多与我国英语课程不同的特点。观察、研究并适当借鉴这些特点有助于完善我国的英语课

---

①The Ontario Curriculum French as a Second Language：Core French Grades 4-8, Extended French Grades 4-8, French Immersion Grades 1-8, 2013, P.9-P.23.

程标准，提高其实施效果。对比两国课程标准，可以发现加拿大课程标准有以下特点值得我国借鉴。

学习语言旨在交际。课程标准的制订注重培养学生语言实践和运用能力，这可以改变我国重考试而不重交际（尤其是口头交际）的传统。对于评价模式也要做出相应改革，借鉴安省FSL课程的评价方式，提高语言评价的针对性，制订具体、操作性强的评价指标，优化评估方式，可使评价更科学、更有效。

联系其他学科。为提高我国英语教学实效，课程标准可以适当借鉴二语教学特点，联系其他学科。加拿大法语教学的特点之一是将语言教学和其他学科教学联系起来，让学生通过目标语言从事其他学科学习，即进行基于内容的语言学习（content-based language learning）。该语言教学模式不仅能够拓宽学生知识面，实现外语教学的人文价值，而且有助于学生在学习其他领域知识的过程中潜移默化地习得目标语言，促进语言知识向语言技能的转化。

发挥语言思维的工具性。语言不仅是交流工具，而且是思维工具。对此我国英语课程标准虽然有所表述，但是缺乏具体措施。相比之下，加拿大课程标准不仅在课程理念中明确提出了培养学生的批判性思维和创造性思维，而且将其有机融合在听、说、读、写四项技能教学中，由此切实体现了法语作为语言的思维工具价值。这一点值得我国借鉴。

重视策略，强调终身学习。加拿大FSL课程坚持"授之以渔"的理念，重视学生在法语学习过程中掌握相关策略。我国小学英语新课标将学习策略单独列出，但缺乏具体指导，可操作性不强。安省FSL课程标准则将学习策略融入听、说、读、写中，列举相关实例，既重视各领域策略的学习，也重视策略在不同领域之间的迁移和融合，具有较强的可操作性。总体而言，我国策略教学意识不强，需要在课程标准中完善细化相关建议。

重视文化学习。中加两国课程标准均具有文化学习的内容和目标。然而，相比之下，加拿大课程标准更加具体，除提出目标和内容外，常常提供具体教学途径，具有较强的可操作性。这与法语在加拿大的地位密切相关。加拿大是语言多元化国家，法语在其中占有举足轻重的位置，这需要学生切实理解法语文化，以便参与社会交往活动。与此相符，加拿大课程标准对于文化的表述详细具体。我国虽然不像加拿大那样具有鲜明的多语言文化，但是全球化发展要求当今学生拥有多元文化意识。有鉴于此，我国课程标准应适当汲取加拿大的经验，完善文化表述。

第五章　中国与韩国小学英语课程标准比较研究

一、中国与韩国小学英语课程标准研究综述

(一)国内外英语课程标准研究概况

国内关于英语课程标准研究的论文共计95篇左右，主要分布在《课程·教材·教法》《中小学英语教育研究》《外国教育资料》等30种期刊上。相关研究体现以下共识：首先，课程目标从单一的学科教育目标向全人教育目标转变。随着对外语教学理论的深入研究，人们认识到外语教育不仅能使学生获得语言知识和听、说、读、写等技能，而且具有陶冶人格、熏陶情感、培养态度等多方面影响。[①]其次，教学法从侧重机械训练的语法翻译法转向重视语用能力的交际法。在吸收国外相关教学理念的基础上，国内学者提出本土化交际教学法和整体教学体系，在很大程度上推动了中小学外语教学改革。[②]

国外关于英语课程标准的研究也比较多。为使外语教育朝着计划、统一、明晰的体系方向发展，各国都致力于建立和完善课程指导框架（标准）。澳大

[①]王蕾《面向21世纪义务教育阶段外语课程改革的思考与意见(上、下)》,《中小学外语教学》1999年第7期。

[②]王才仁《英语教学交际论》,桂林：广西教育出版社,1999年,第128页。

利亚于1988年颁发《澳大利亚语言水平计划》。该课程框架试图提供一种既能涵盖语言共性，又包括教师发展和研究的课程综合模式。美国全国性语言组织于1993年获联邦政府《教育目标2000》资助，联合编制了新外语学习标准，由此推动了外语领域的教学改革。与此同时，教改实践为理论研究提供了强大动力与广阔空间。①欧洲语言政策委员会制定了《欧洲共同课程指南框架》（1996）和《现代外语：学习、教学、评价——欧洲共同课程指南框架》（1996）等。为使以上两个制度得以落实，欧洲语言政策委员会还编制了《使用手册》和《一般指南》供所有利益相关者参考。②

（二）韩国英语课程标准研究概况

目前国内对韩国英语课程方面的研究资料比较少。在中国期刊全文数据库里以"韩国英语教育"为词条进行全文搜索后，共得到相关文献12篇。现对其中具有代表性的几篇文献进行简要介绍。王栋的《新世纪韩国基础英语课程改革及启示》主要介绍了韩国近些年在应对全球化时代到来过程中针对英语教学实施的改革。文章涉及改革背景、改革内容以及对我国英语课程改革的启示，是一篇值得关注的文章。③张航的《浅析韩国英语教育制度改革的启示》从英语教育制度的角度分析了韩国英语教育改革措施的出台背景和改革举措。④其中值得关注的一点是韩国关于英语教学组织的改革。从2010年开始，小学三、四年级将把现行每周1至2课时的英语课增加到每周3课时，从2011年开始，小学三至六年级实行英语课程的全英语教学，并根据实际情况对英语教学做出及时调整。政府对此项改革投入大量经费，充分体现了国家对小学英语教育重要性的认识。然而，这篇文章仅仅从社会宏观角度探讨韩

①彭伟强《当代国外外语课程变革之经验及其借鉴》，《基础教育外语教学研究》2002年第1期。

②马公圣《英语课程标准品质研究》，徐州师范大学硕士学位论文，2011年。

③王栋《新世纪韩国基础英语课程改革及启示》，《山东师范大学外国语学院学报（基础英语教育）》2010年第4期。

④张航《浅析韩国英语教育制度改革的启示》，《湖北函授大学学报》2009年第2期。

国英语教育改革的原因，未能采用微观视角从课程或教学角度分析当前存在的问题及对策。张海波的《现代韩国义务教育阶段英语教育课程目标及内容的演进研究》（2011）论述了韩国从1945年至今义务教育阶段英语教育课程的设置背景、课程目标、课程内容和课程特点。采用历史研究的方法全面分析现代韩国英语教育理念的转变过程，这一方法有助于揭示韩国基础英语的发展规律，增强研究说服力。[1]高中萍的《中韩小学英语教材内容比较研究》（2011）采用比较分析法、访谈法和文献资料法，分别从理论和实践两个角度对中韩小学英语教材内容进行了比较研究，在此基础上对中国小学英语教材内容的改革提出了六点建议。[2]教材是课程标准的体现，其内容编排直接影响课程标准的实施效果，所以相关研究对我国英语教材及课改具有较高参考价值。韩国学者曾达之《中国与韩国中小学英语课程标准比较》（2010）一文既对两国课标总目标进行宏观比较，也对具体目标、教学课时等内容进行微观比较。[3]上述文章从不同角度对中韩基础英语课程教学进行了比较分析，对本文研究具有一定启发。

（三）中国英语课程标准研究概况

与对韩国英语课程标准的研究相比，对我国英语课程标准的研究不仅数量更多，而且更加全面和深入。曹亚民的《新〈英语课程标准〉的特点及实施对策》从五点来阐明英语课程标准的特点。第一，英语课程目标的确定以学生发展为基本出发点，力求体现素质教育的思想；第二，以能力为目标的分级课程体系，保证课程的整体性、灵活性和开放性；第三，倡导体验、实践、参与、交流与合作的学习方式，强调学生能用英语做事情；第四，提倡"任务型"教学思想，把综合语言运用能力的培养落到实处；第五，重视评价对

---

[1]张海波《现代韩国义务教育阶段英语教育课程目标及内容的演进研究》，延边大学硕士学位论文，2011年。

[2]高中萍《中韩小学英语教材内容比较研究》，温州大学硕士学位论文，2011年。

[3]曾达之《中国与韩国中小学英语课程标准比较》，《河池学院学报》2010年第2期。

学生的激励作用，建立形成性与终结性相结合的课程评价体系。①张明芝的《关于实施〈英语课程标准〉的几点思考》一文基于自身教学经验，对课程标准中语言技能、语言知识、情感态度、学习策略和文化意识五个方面进行了具体分析。②邓德权的《〈英语课程标准〉(实验稿) 的两大问题》一文对词汇量和任务型教学等英语教育问题进行了探讨。③

《义务教育英语课程标准（2011年版)》（以下简称《课标（2011)》）修订版于2011年由中华人民共和国教育部制定，于2012年1月出版。前后两个版本存在一定差异，例如，新标准将小学英语教学分为两个学段，并对相关标准进行了详细阐述。洪美玉《探究英语课程标准》一文中指出，《课标（2011)》兼顾理论与应用、语义和语用，强调英语知识技能的内化与迁移，让学习者将英语视为实际生活工具和知识获取工具。④陈力的《义务教育英语课程标准（2011年版）的新发展》一文对新旧课程标准进行比较，认为《课标（2011)》在总体框架、设计思路、课程理念和总体目标等主要方面基本延续了《全日制义务教育普通高级中学英语课程标准（实验稿)》的思路，同时对某些具体内容进行微调，提高了不同学段和地区的适应性和针对性。与此同时，该文对新旧课程标准的变化部分进行了具体解读。⑤

通过对上述文献的介绍可以发现，对于两国英语课程标准的研究虽然已经取得一定成果，但是相关论文更多属于报道性质，客观描述有余，深度分析不够。此外，针对中韩小学英语课程标准比较的研究相对匮乏。

---

①曹亚民《新〈英语课程标准〉的特点及实施对策》，《江苏教育学院学报(社会科学版)》2001年第11期。

②张明芝《关于实施〈英语课程标准〉的几点思考》，《科协论坛》2007年第1期。

③邓德权《〈英语课程标准〉(实验稿) 的两大问题》，《基础教育外语教学研究》2005年第8期。

④洪美玉《探究英语课程标准》，《新课程》2012年第1期。

⑤陈力《义务教育英语课程标准（2011年版）的新发展》，《中小学管理》2012年第4期。

二、中国与韩国小学英语课程标准设置背景

(一) 中国小学英语课程标准设置背景

世界各国接触越来越频繁，特别是中国加入世界贸易组织之后，与其他国家的联系越来越紧密。英语作为世界通用语言，其地位和作用越来越受到国家和人民的重视。国内经济与社会的发展对小学生英语素质也提出了更高的要求。小学英语教育不仅要满足小学生心智和情感的需求，还要满足国家经济建设和科技发展对人才培养的需求。因此，小学阶段英语教育具有重要的人文意义和工具意义。

为了满足时代发展的需要，国家越来越重视基础教育阶段的小学英语教育。从2001年在小学开设英语课程以来，国家对小学英语教育的改革和发展工作从未间断过。2001年，教育部颁布《全日制义务教育普通高级中学英语课程标准 (实验稿)》。此后，经过十年英语课程标准修订工作，最终在2011年3月基本完成了义务教育阶段英语课程标准的修订任务。

2011年，教育部颁布的《义务教育英语课程标准 (2011年版)》 (限于义务教育阶段，不包含高中学段)，在基本延续《全日制义务教育普通高级中学英语课程标准 (实验稿)》整体思路的基础上，在某些具体内容上做了微调，使不同学段和不同地区的学生对英语课程和教材有了更好的适应性。依据中央有关文件和标准对德育内容进行了修订，以便更好彰显英语课程的人文性。[①]

(二) 韩国小学英语课程标准设置背景

1995年5月31日，韩国总统咨询机构教育改革委员会针对信息化、世界化时代拟定并发表了以确立新的教育体制为目的的教育改革方案，被称为第七次教育课程改革。为了让学生根据自己的性格、兴趣和能力学习多样化知识，此次教育课程改革按照以下原则进行编制：第一，缩小必修科目，增加选修科目；第二，强化信息化、世界化教育；第三，编制不同层次水平的教育课

---

①陈琳、王蔷、程晓堂《义务教育英语课程标准 (2011年版) 解读》，北京：北京师范大学出版社，2012年。

程。根据原则，教育改革委员会组成教育特别委员会，于1995年末制定出修订教育课程的基本框架。[1]

1997年第七次教育课程公布不久，韩国教育部于1999年3月11日公布了新的教育发展五年计划试案。在新的五年计划中明确提出，韩国教育的发展应适应未来以人、教育和终身学习为中心的要求，努力培养能够顺应世界化、信息化趋势，以及能够适应新雇佣结构和新生活样式的人才，并把握时代契机，以"第二次教育立国"为口号，再次树立国家发展的根基。为此，韩国教育人力资源部于2007年发布告示第2007-79号，对第七次教育课程进行了部分修订，称为"2007年修订教育课程"。2008年12月26日公布了教育科学技术部告示第2008-160号，对英语教育课程进行了修订，并推出韩国英语课程标准。本次课程修订对英语课程进行了微调，将小学英语课时每周增加一学时，其余部分未做改变。[2]

（三）两国英语课程标准设置背景对比

中韩两国小学英语课程标准推出历程基本相似。小学英语在两国历史上早已存在，但发展相对缓慢。直到19世纪末20世纪初小学英语才开始受到关注。近几十年来，两国教育部门不断探求适合本国小学英语发展的新道路，推出各种教育教学改革，使小学英语教育规模不断壮大。短短数十年，小学英语在两国均取得长足进步。

三、课程标准框架比较

课程标准框架指课程标准的具体内容及其结构。在本文中，中国英语课程标准选择《课标（2011）》，韩国英语课程标准为于2008年12月26日公布的教育科学技术部告示第2008-160号文件。

---

[1] 张海波《现代韩国义务教育阶段英语教育课程目标及内容的演进研究》，延边大学硕士学位论文，2011年。

[2] 张海波《现代韩国义务教育阶段英语教育课程目标及内容的演进研究》，延边大学硕士学位论文，2011年。

(一) 中国小学英语课程标准框架

中国义务教育英语课程标准由以下几部分组成:

第一部分,前言。介绍课程性质、课程基本理念、课程设计思路三部分内容。课程性质介绍了英语课程的工具性和人文性双重性质。课程基本理念介绍了课程设置的总体思想。课程设计思路介绍了课标设计中强调和注重的问题。

第二部分,课程目标。包括总目标和分级目标两部分内容。总目标对学生通过义务教育阶段英语学习所达预期结果提出一个总要求,分级目标将整个义务教育分为五个级别,按照总目标提出阶段性目标。

第三部分,分级标准。针对语言技能、语言知识、情感态度、学习策略、文化意识五部分内容提出各级别标准。标准表述以学生为中心提出具体可操作的要求。

第四部分,实施建议。包括教学建议、评价建议、教材编写建议、课程资源开发与利用建议四个方面内容。建议具有一定弹性,为教材编写人员和教学人员留出实施空间。

第五部分,附录,包括语音项目表、语法项目表、词汇表、功能意念项目表、话题项目表、课堂教学实例、评价方法与案例、技能教学参考建议、课堂用语九个部分。规定了各学习阶段的基本素材、呈现形式、语言知识和词汇表等。[①]

(二) 韩国小学英语课程标准框架

第一部分,课程性质。先概述英语课程的工具性和人文性,继而说明小学和中学英语课程的具体要求。

第二部分,课程目标。包括英语课程总目标、小学英语课程目标、初高中英语课程目标三部分内容。目标表述既包括总目标,也包括各阶段目标,

---

①中华人民共和国教育部《义务教育英语课程标准 (2011年版)》,北京:北京师范大学出版社,2012年。

层次分明。

第三部分，课程内容。包括内容结构和学业目标两部分。内容结构包括语言技能、交际活动、言语材料。学业目标具体介绍了小学三年级到高中一年级（十年级）学生在听、说、读、写四个方面所要达到的目标。

第四部分，教学方法。围绕听、说、读、写四个技能介绍了小学和初高中英语教学方法。

第五部分，评价。包括评价指导方针和评价中的问题两方面内容。评价中的问题部分将小学和初中问题分开表述。

第六部分，附录。附录一：关于课程设置的主题问题。附录二：关于交际实例和技能，列举了日常交际活动中运用的交际用语。附录三：关于单词指导和词汇表。①

（三）中韩两国小学英语课程标准框架比较

1. 两国课程标准框架的相同点

（1）基本内容一致

中国和韩国英语课程标准框架的主要内容基本一致，都包括课程性质、课程目标（包括总目标和分级目标）、教学方法建议和评价建议。这些内容都是课程标准必不可少的组成部分，对英语教学起到指导和规范作用。

（2）课程性质相似

中韩两国课程标准均旗帜鲜明地提出英语既具有工具性也具有人文性。这一课程性质与英语在两国的作用不无关联。英语在中韩两国既不属于官方语言，也不是严格意义上的第二语言，而属于外语。换言之，英语学习主要在两国学校以内，离开学校便缺乏英语学习和使用的环境。正因为如此，两国课程标准在强调英语工具性（语言本体属性）的同时，比较重视英语课程的人文价值，即促进学生个人发展的价值。

（3）重视分级目标

①韩国教育科学技术部《小学教育课程解说（5）》，首尔：教育科学技术部，2008年。

虽然两国目标划分方式不同,但中国和韩国都重视分级目标的阐述。中国将小学分为两个学段,而韩国则按照年级将小学从三到六年级划分为四个学段。两国均对学段目标提出明确要求,并运用大量篇幅对小学生需要掌握的语言知识和语言技能作出规定,同时以附录形式明确相关内容。

2. 两国课程标准框架的不同点

(1)两国学段划分不同

中韩两国英语课程标准都很重视语言知识和语言技能的教学,但是标准分级有所不同。中国采用学段对标准进行分级,三、四年级是第一学段,五、六年级为第二学段。韩国对相关标准采用年级进行划分,每个年级有其不同目标。对于语言知识和技能以外的内容,中国课程标准依然采用五级划分,而韩国课程标准则按照小学、初中和高中三个学段进行划分。客观而言,情感态度等内容不像语言知识和语言技能那样存在明显的年级差异。有鉴于此,韩国课程标准划分更加合理。

(2)两国实施建议不同

我国实施建议部分包括教学建议、评价建议、教材编写建议、课程资源开发与利用建议四个方面内容。韩国虽然没有采用实施建议这一名称,但是其教学方法和评价分别对应我国实施建议的前两项。韩国小学英语课程标准没有对教材编写和课程资源开发与利用做出相关规定,而中国课程标准则做出详细规定或建议。这与两国教材与课程资源使用现状有关。韩国小学阶段英语采用全国统一教材,即《Elementary School English》(《小学英语》)。它由国家统一编制、统一发行,多年来没有变更。韩国信息技术发达,学校设备、资源齐全,英语课程资源开发利用程度相对较高。反观我国,教材一纲多本,种类繁多,客观上需要规范与指导。与韩国相比,我国小学师生往往满足于课本材料,教师照本教、学生照本学,课程资源(尤其课外资源)利用率较低。课程标准对其进行建议有助于提高课程资源在小学英语教学中的利用率,提高师生利用课程资源的意识和能力。

(3)两国教学建议不同

我国教学建议部分对语言实践、策略教学、文化意识、教材使用和课外活动等方面提供建议。相比之下，韩国课程标准教学方法部分围绕听、说、读、写四项技能提出具体教学建议。两相比较，我国教学建议覆盖面广，而韩国教学建议针对性强。

四、课程目标比较

(一) 中国小学英语课程目标

中国的英语课程目标分为总目标和分级目标。义务教育阶段英语课程的总目标是：通过英语学习使学生形成初步的综合语言运用能力，促进心智发展，提高综合人文素养。[①]义务教育阶段英语课程各个级别的目标是指学生在语言技能、语言知识、情感态度、学习策略和文化意识五个方面应达到的综合行为表现（见表5-1）。

表5-1　中国小学英语课程标准分级目标[②]

一级目标	1. 对英语有好奇心，喜欢听他人说英语。 2. 能根据教师的简单指令做动作、做游戏、做事情（如涂颜色、连线）。能做简单的角色表演。能唱简单的英文歌曲，说简单的英语歌谣。能在图片的帮助下听懂和读懂简单的小故事。能交流简单的个人信息，表达简单的感觉和情感。能模仿范例书写词句。 3. 在学习中乐于模仿，敢于表达，对英语具有一定的感知能力。 4. 对学习中接触的外国文化习俗感兴趣。
二级目标	1. 对继续学习英语有兴趣。 2. 能用简单的英语互致问候，交换有关个人、家庭和朋友的简单信息，并能就日常生活话题作简短叙述。能在图片的帮助下听懂、读懂并讲述简单的故事，能在教师的帮助下表演小故事和小短剧，演唱简单的英语歌曲和歌谣。能根据图片、词语或例句的提示写出简短的描述。 3. 在学习中乐于参与、积极合作、主动请教，初步形成对英语的感知能力和良好的学习习惯。 4. 乐于了解外国文化和习俗。

---

①中华人民共和国教育部《义务教育英语课程标准（2011年版）》，北京：北京师范大学出版社，2012。

②中华人民共和国教育部《义务教育英语课程标准（2011年版）》，北京：北京师范大学出版社，2012。

（二）韩国小学英语课程目标

韩国的英语课程目标分为总括目标和各级学校的目标。换言之，总括目标包括小学和中学课程目标。

2008年修订的英语教育课程的总括目标为：能够理解和使用日常生活英语；能够正确理解外国文化；能够为对外宣传本国文化打下基础。这一目标的下位目标是：

1. 为英语终身学习培养持续，兴趣和自信心；

2. 培养与日常生活和一般话题有关的基本交际能力；

3. 培养理解并运用外国多样信息的能力；

4. 通过理解外国文化，增强对本国文化的理解，树立正确的价值观。[①]

按照总括目标的要求，将小学英语教育课程的目标设定为：培养对英语的兴趣，培养理解和表达日常生活英语的能力。具体目标如下：

1. 对英语拥有兴趣。

2. 拥有将有限英语基础作为交际工具使用的自信心。

3. 培养日常生活英语交际基础能力。

4. 通过英语学习理解国外文化。[②]

（三）两国小学英语课程目标比较

1. 总目标比较

中国英语课程总目标主要突出两点：培养学生初步的综合英语运用能力；提高学生的综合人文素养。韩国的英语课程总目标也强调两点：培养学生的基本英语交际能力；促进学生了解并表达国内外文化。两相比较，两国课标均比较重视培养学生的基础英语交际能力，即理解和运用日常生活英语的能力。这一点可以理解，因为基础英语知识和技能是发展素质、了解文化的必

---

①韩国教育科学技术部《教育科学技术部告示第2008-160号》，首尔：教育科学技术部，2008年。

②韩国教育科学技术部《教育科学技术部告示第2008-160号》，首尔：教育科学技术部，2008年。

要工具，是英语工具性的集中体现。差异在于我国重视综合人文素养，而韩国关注跨文化交际意识和能力。人文素养涵盖广泛，既包括文化素养，也包括情感态度，充分体现了英语的人文属性。韩国课标强调了解外国文化，张扬本国文化，在某种程度上依然具有工具性色彩。

2. 分级目标比较

（1）两国分级目标的相同点

两国小学阶段课程目标有很多相似之处。首先，两国都重视培养小学生学习英语的兴趣。这符合小学阶段的年龄特征。儿童重情不重理，只有激发其学习兴趣，英语课程才有效。其次，两国课程目标均培养对日常生活英语的理解和运用能力。这是两国对传统"哑巴英语"教学的反思和纠正。运用英语既符合语用能力发展要求，也符合儿童活泼好动的特点。第三，两国都重视培养学生的文化意识和基础交际能力。语言是载体，文化是内容，两者密不可分。文化意识应当从小培养，这样既可以开阔小学生视野，也可以增长其跨文化交际能力。

（2）两国分级目标的不同点

第一，课程目标分段不同。中国小学英语课程分为两段：三、四年级（一级）；五、六年级（二级）。韩国小学英语课程则将小学开设英语的四个年级作为一个整体阐述其目标。客观而言，三、四年级儿童和五、六年级儿童的认知能力存在一定差异，课程目标应当对此有所体现。例如，我国课标一级阅读目标要求学生能够借助图片看懂简单故事，而二级目标要求学生不仅能够看懂，而且能够讲述简单故事。与此相似，一级目标要求学生模仿范例书写词句，而二级目标要求学生根据提示写出简短的描述。这体现了小学高年级学生抽象思维能力和语言表达能力有所增强的特点。与我国课程标准相比，韩国小学英语课程目标则没有体现上述特点。

第二，课程目标内容不同。中国分级目标指学生每完成一个学段，在语言技能、语言知识、情感态度、学习策略和文化意识五方面所达到的预期结果，目标表述具体、明确。韩国小学阶段英语课程目标相对简单，即通过课程教学使学生对英语拥有兴趣和自信心，能够在日常生活中用英语进行基本交流，并通过英语初步了解国外文化，简单表达本国文化。韩国课程目标并未像中国那样对英语知识技能等学习结果提出具体要求。相比之下，我国课程标准在目标表述上更加明确。

五、课程内容比较

（一）两国小学英语课程内容概况

中国小学英语课程分级标准从五个方面进行阐述：语言技能、语言知识、情感态度、学习策略、文化意识。其中语言技能包括小学一级和二级学段的听、说、读、写等；语言知识包括二级学段的语音、词汇、语法、功能和话题；情感态度主要是二级学段学生所要达到的情感态度标准；学习策略列举了二级学段学生在学习英语过程中应该掌握的一些基本学习策略；文化意识标准指二级学段学生应当达到的文化知识、文化意识及文化交际能力等。相关内容分级情况见表5-2：

表5-2　中国小学英语课程内容[①]

中国小学英语课程内容	语言技能	一级：听做、说唱、玩演、读写、视听
		二级：听、说、读、写、玩演视听
	语言知识	二级：语音、词汇、语法、功能、话题
	情感态度	二级：【见课标内容】
	学习策略	二级：【见课标内容】
	文化意识	二级：【见课标内容】

韩国小学英语课程标准主要从三个方面进行划分：语言技能、交际活动和言语材料。其中语言技能是对每个年级（从三年级至六年级）小学生在听、说、读、写四项技能方面做出的具体规定。交际活动包括口头语言活动和书

---

①中华人民共和国教育部《义务教育英语课程标准（2011年版）》，北京：北京师范大学出版社，2012年。

面语言活动。言语材料包括四个领域，分别是素材、言语、词汇和句子长度，并针对不同年级学生做出相应标准规定，见表5-3。

表5-3　韩国小学英语课程内容①

韩国小学英语课程内容	语言技能	听力、阅读、口语、写作（三、四、五、六年级分别规定）
	交际活动	口头语言活动、书面语言活动
	言语材料	素材、言语、词汇、句子长度

　　对比上述两张图表可以发现两国课程内容存在的异同。相同点是两国都很关注语言技能和语言知识在小学英语教学中的重要性。不同点在于韩国三项内容均和语言直接相关，而中国课程标准除语言内容之外还包括策略、情感和文化。由此可见，虽然两国课程性质都提出英语具有工具性和人文性，但是韩国课程内容直接关注英语的工具性，人文性隐含在工具性之中。相比之下，我国课程内容明确提出情感和文化等人文性内容，在课程表述上兼顾语言的工具性和人文性。

　　（二）语言技能比较

　　在语言技能方面，韩国将三、四、五、六年级分开表述，针对四个年级听、说、读、写四项技能做出相应规定。中国将小学英语学习分为两个学段，不同学段所学内容不同。其中，第一学段是听做、说唱、玩演、读写、视听；二级学段是听、说、读、写、玩演视听。

　　1. 语言技能——"听"的比较

　　按照课程标准要求，中国学生在一级学段需要根据所听到的词句、指令做动作，在图片和动作提示下听懂简单的小故事。二级学段学生需要在辅助性事物帮助下听懂简单的话语、小故事和录音材料，听懂简单提问，以及对

①韩国教育科学技术部《教育科学技术部告示第2008-160号》，首尔：教育科学技术部，2008年。

常用指令和要求做出反应。①

韩国课程标准相应内容比中国更丰富，难度更高。三、四年级学生既要达到上述要求，也要能够辨析重音、音调等语音特征，理解对话发生的时间、地点等信息，听懂日常简单对话，听懂简单过去式的表达。五、六年级学生则要求听辨事件主旨、先后顺序及事件细节，听懂图片及事件解释，理解说话人意图，理解简单对话并且记录相关信息。②

显而易见，韩国在小学阶段对英语听力要求较高，学生不仅需要听音做事，获取基本信息，而且需要对信息进行处理，分清主次，并进行相关记录。换言之，韩国小学英语听力标准不仅重视听力技能教学，而且重视听力思维训练。

2. 语言技能——"说"的比较

中国课程标准要求学生在一级学段能模仿录音说话、能进行简单问候、交流个人信息、表达自己的感情（喜欢与否）、学唱儿歌和歌谣、根据图文和表演猜测意思、说出词语和短语。二级学段学生需要发音清楚、编制简短对话、简短叙述生活话题、在帮助下描述或讲述简单小故事。③

韩国课程标准要求学生初学英语时就能够准确发音、解释真实物体和图片、编制简单问答、简单介绍自己、讨论周围事物、参加角色扮演等。五、六年级学生能够编制情境对话、讨论听力主题、讲述事件发展顺序和细节、进行简单对话。④

相比之下，韩国课程标准对说的要求比较高，内容比较丰富。首先，韩

---

①中华人民共和国教育部《义务教育英语课程标准（2011年版）》，北京：北京师范大学出版社，2012年。

②韩国教育科学技术部《教育科学技术部告示第2008-160号》，首尔：教育科学技术部，2008年。

③中华人民共和国教育部《义务教育英语课程标准（2011年版）》，北京：北京师范大学出版社，2012年。

④韩国教育科学技术部《教育科学技术部告示第2008-160号》，首尔：教育科学技术部，2008年。

国课程标准要求三年级学生就具有正确发音，而中国课程标准到第二学段才对学生语音语调提出要求。其次，韩国课程标准不仅要求学生进行简单日常对话，而且要求其能够讨论主题和讲述细节，对学生的口语思维要求较高。

3. 语言技能——"读"的比较

中国课程标准要求学生在一级学段能看图识词，能在指认物体的前提下认读所学词语，在图片帮助下读懂简单小故事。到二级学段，要求学生根据拼读规律读出简单单词，读懂教材中的要求和指令，借助图片读懂简单故事或者小短文，养成按意群阅读的习惯，正确地朗读所学故事和短文。[①]

韩国要求学生在三、四年级能读出大小写字母，理解发音与拼写的关系，独立读出简单单词和句子，读并能理解单词和短语等。到五、六年级要求学生根据语音语调正确朗读句子，读并能理解简单句子，能够在不同环境读出熟悉事物和符号的名称，读懂日常生活简易材料，读懂表格，读懂简单故事并进行总结。[②]

总体而言，两国课程阅读标准在内容和难度上比较接近。尽管如此，有两点差异值得关注。其一，韩国课程标准不仅要求小学生阅读简单故事，而且阅读图表等日常生活实用材料。这反映出韩国课程对英语工具性的重视。其二，中国课程二级标准提到让学生养成意群阅读的习惯。这体现我国小学英语课程对阅读策略和方法的关注。

4. 语言技能——"写"的比较

中国课程一级标准要求学生能正确书写字母和单词，并能模仿范例写词句。二级标准要求学生能正确使用大小写字母和常用标点符号，能写出简单问候语和祝福语，能根据图片、词语或例句的提示写出简短语句。[③]

---

①中华人民共和国教育部《义务教育英语课程标准（2011年版）》，北京：北京师范大学出版社，2012年。

②韩国教育科学技术部《教育科学技术部告示第2008–160号》，首尔：教育科学技术部，2008年。

③中华人民共和国教育部《义务教育英语课程标准（2011年版）》，北京：北京师范大学出版社，2012年。

韩国课程标准要求学生在三、四年级能写出字母表中字母的大小写，写出口语习得的单词，能根据发音和拼写规则写出单词，能根据物体和图片写出单词等。五、六年级学生能写出简单的单词和短语，根据例句看物体和图片写一句话，写出字母的大小写并注意标点符号用法，用单词和短语写一句关于日常生活事件的话，写出简短生日卡和感谢卡，根据例句指导写一篇关于自己和家人的小文章。①

相比之下，韩国课程标准要求高于中国。中国在小学阶段对"写"的最高要求是根据提示写出简短语句，而韩国最高要求是让学生写出一篇关于自己或者家人的小文章。换言之，前者限于语句，而后者已经上升为篇章。

5. 语言技能——"玩演视听"的比较

玩演视听出现在中国课程标准中，而韩国没有这方面的标准。玩演和视听在中国课程一级标准中分开描述，但是在二级标准中合并在一起。

中国要求学生完成第一学段时能在教师指导下用英语做游戏并在游戏中进行简单交际，能进行简单角色扮演，能看懂语言简单的英语动画片或程度相当的英语教学节目，课堂视听时间每学年不少于10小时。完成第二学段时学生能按要求用简单的英语做游戏，能在教师帮助下表演小故事或小短剧，能学唱简单的英语歌曲和歌谣30首左右，能看懂程度相当的英语动画片和英语教学节目，课堂视听时间每学年不少于10小时。②二级玩演视听项目中前三个内容属于玩演，第四个内容属于视听。韩国课标的语言技能里虽然没有视听内容，但是却将玩演纳入"说"和"读"之中。例如四年级的"说"需要学生能参加角色扮演，进行简单表演和交流等。

（二）语言知识比较

中国的语言知识分为语音、词汇、语法、功能和话题五个部分，而韩国

---

① 韩国教育科学技术部《教育科学技术部告示第2008-160号》，首尔：教育科学技术部，2008年。

② 中华人民共和国教育部《义务教育英语课程标准（2011年版）》，北京：北京师范大学出版社，2012年。

称此为言语材料，包括素材、言语、词汇和单句长度四个部分。由于两国对语言知识结构划分不同，所以在比较内容时只能对相似或相近部分进行比较。

1. 语言知识——"语音"的比较

语音被称为语言外壳，它是人们相互传递信息和交流思想的工具和手段。离开了语音，语言就不复存在。一般来说，英语语音包括音标、音节、重音、语调和节奏等，这些都是语言教学的重要内容。

中国的英语课程标准要求学生能正确读出26个英文字母，了解单词有重音，句子有重读、连读、节奏、停顿、语调等现象。[①]

韩国课程标准言语素材中并不包含语音，而是将其融汇在英语技能要求之中。例如听时能察觉英语的重音、节奏和语调；读时能注意重音、节奏和语调，同时理解发音和拼写的关系；写时能根据发音和拼写关系依据所听内容写出简单词汇等。

2. 语言知识——"词汇"的比较

词汇是一种语言里所有词的总称。英语词汇包括单词、短语、习惯用语以及固定搭配等多种形式。词汇对语言教学至关重要。如果说语法构成了语言的骨骼，那么词汇则为语言的细胞。

中国课程标准中对学生掌握词汇的要求是：知道单词由字母构成，知道根据单词的音、义、形学习词汇，学习本级话题范围600~700个单词和50个左右习惯用语，能初步运用400个左右单词表达二级规定的相应话题。[②]

韩国课程标准按照年级对词汇进行描述：三年级和四年级各要求掌握120个新单词，五年级和六年级各要求掌握140个新单词，小学阶段总共需要学习520个新单词。其中350个以上词汇需要学会运用。与此同时，学生还需要对

---

①中华人民共和国教育部《义务教育英语课程标准（2011年版）》，北京：北京师范大学出版社，2012年。

②中华人民共和国教育部《义务教育英语课程标准（2011年版）》，北京：北京师范大学出版社，2012年。

派生词、单词词性、特殊词语、外来词、汉化词缩写等有所了解。①

比较而言，中韩两国课程标准对辨识性词汇要求基本相似，但是韩国对产出性词汇（即需要运用的词汇）要求较高。由此可见，韩国更加关注英语的实际运用。

3. 语言知识——"语法"的比较

语法是语言形成机制，是语言的深层结构。没有语法，人们将无法进行语言交流。

中国课程标准要求学生掌握以下语法项目的意义和用法：名词单复数和名词所有格、人称代词、形容词性物主代词、一般现在时、现在进行时、一般过去时和一般将来时、表示时间地点位置的常用介词、简单句基本形式。要求学生不仅掌握其形式而且需要在实际运用中体会其表意功能。②

韩国英语课程标准中并没有对语法做出专门要求，而是将其内容整合在听、说、读、写各项技能之中。例如四年级"听""说"标准要求学生听并能够理解关于过去时的一些简单口语，能简单表达关于过去时的内容；六年级"听""说"标准要求学生能听懂并表达关于将来的事件。

中韩对语法的描述编排各有特色。中国将语法项目单列，内容全面，逻辑清晰。韩国将语法融于技能标准中，体现了语法作为语言的深层结构必须在语境中教学和使用的特征。

4. 语言知识——"功能"的比较

中国课程标准的功能项目包括：问候、介绍、告别、请求、邀请、致谢、道歉、情感、喜好、建议、祝愿等。③

①韩国教育科学技术部《教育科学技术部告示第2008-160号》，首尔：教育科学技术部，2008年。

②中华人民共和国教育部《义务教育英语课程标准（2011年版）》，北京：北京师范大学出版社，2012年。

③中华人民共和国教育部《义务教育英语课程标准（2011年版）》，北京：北京师范大学出版社，2012年。

韩国课标的功能项目包括五个方面：（1）友好的活动：问候、介绍、表扬、支持等；（2）多样化的功能信息：证明事实、描述事实、实时报道等；（3）认知态度表达：同意、反对等；（4）情感表达：喜欢、不喜欢等；（5）想象：表达想象。①对于每个功能项目，韩国课标均提供实例进行阐述。

相比较而言，两国课程标准均包含交际功能项目。这些项目均与日常交际有关，符合小学生对社会交往的认知和需要。与此同时，韩国课程标准在交际功能之外还包括事实描述功能项目，如证明事实、描述事实、实时报道，这体现了韩国对英语工具性的重视。

5. 语言知识——"话题"的比较

中国课程标准中对话题的描述是理解和运用有关下列话题的语言表达形式：个人情况、家庭与朋友、身体与健康、学校与日常生活、文体活动、节假日、饮食、服装、季节与天气、颜色、动物等。②

韩国课程标准中的素材根据日常生活情境，挑选出学生感兴趣，同时能激发学生交流、研究和解决问题能力的话题，例如：个人生活、家庭生活、学校生活和个人关系、周围环境和个人关系、习惯、健康、活动、爱好、游戏、旅行、动植物、季节、天气等。③韩国课标要求学生能正确运用上述素材，实现交流目的，同时理解英语国家和非英语国家的文化。

两国话题都比较丰富，都与小学生日常生活息息相关。与此同时，两国课程标准都强调不仅要理解话题，而且能将之付诸运用。此外，韩国课程标准还强调话题对理解英语国家和非英语国家文化的意义。

6. 韩国特有的语言知识——单句长度

---

①韩国教育科学技术部《教育科学技术部告示第2008–160号》，首尔：教育科学技术部，2008年。

②中华人民共和国教育部《义务教育英语课程标准（2011年版)》，北京：北京师范大学出版社，2012年。

③韩国教育科学技术部《教育科学技术部告示第2008–160号》，首尔：教育科学技术部，2008年。

以上五种内容，中韩课程标准都有所覆盖。然而，单句长度为韩国所独有。韩国课程标准对单句长度的描述为：三、四年级单句的长度为七个单词之内；五、六年级单句的长度为九个单词之内。[1]语言交流不在于个别单词而在于整句运用。句子不但需要考虑单词、语法使用的正确性，而且需要考虑小学生所能接受的话语长度。话语过长对小学生会构成认知和表达负担，影响其学习和表达的积极性。换言之，采用长度适中的语句有助于增强小学生"说"和"写"的自信心。韩国课程标准对于单句长度的规定显然出于对儿童认知特点的考虑。

（三）情感态度比较

情感态度指兴趣、动机、自信、意志和合作精神等影响学生学习过程和学习效果的相关因素以及在学习过程中形成的祖国意识和国际视野。保持积极的学习态度是英语学习成功的关键。

中国小学阶段的二级标准是：

1. 能体会到英语学习的乐趣；

2. 敢于开口，表达中不怕出错误；

3. 乐于感知并积极尝试使用英语；

4. 积极参与各种课堂学习活动；

5. 在小组活动中能与其他同学积极配合和合作；

6. 遇到困难时能大胆求助；

7. 乐于接触外国文化，增强祖国意识。[2]

韩国的小学英语课程标准没有单独将情感态度作为一项课程标准，而是将其融于其他标准之中。相关内容可以归纳为以下几点：考虑到学生学习英语的兴趣，促进其学习积极性；建立运用英语的自信心；能够欣赏外国文化，

---

[1]韩国教育科学技术部《教育科学技术部告示第2008-160号》，首尔：教育科学技术部，2008年。

[2]中华人民共和国教育部《义务教育英语课程标准（2011年版）》，北京：北京师范大学出版社，2012年。

增强本国文化意识。

中韩小学英语课程标准中的情感态度目标都要求学生首先具有学习兴趣和自信心。兴趣、动机、自信心是学习的动力所在，是启动和维持学习的动力之源，所以两国课程标准对其都比较重视。在兴趣之外，中韩课程标准都强调文化意识的培养，这符合当今全球化发展方向。两国不同之处在于我国要求学生具有合作能力。我国课程标准倡导使用任务型教学，任务完成需要合作。与韩国课程标准相比，我国更加重视英语的人文性，而合作精神是人文精神的重要组成部分。

（四）学习策略比较

学习策略指学生为了有效学习和使用英语而采取的各种行为和步骤以及指导这些行动和步骤的信念。英语学习策略包括认知策略、调控策略、交际策略和资源策略等。

中国小学阶段二级标准如下：

1. 积极与他人合作，共同完成学习任务；

2. 遇到问题主动向老师或同学请教；

3. 会制订简单的英语学习计划；

4. 对所学内容能主动复习和归纳；

5. 在词语与相应事物之间建立联想；

6. 在学习中集中注意力；

7. 在课堂交流中注意倾听，积极思考；

8. 尝试阅读英语故事及其他英语课外读物；

9. 积极运用所学英语进行表达和交流；

10. 注意观察生活或媒体中使用的简单英语；

11. 能初步借助简单的工具书学习英语。[1]

---

[1]中华人民共和国教育部《义务教育英语课程标准（2011年版）》，北京：北京师范大学出版社，2012年。

韩国课程标准对英语学习策略的指导基本缺失。韩国课程更重视教师如何教，而没有对学生的英语学习提供有效指导，这不利于终身学习能力和习惯的培养。不仅如此，缺乏学习策略也会在一定程度上影响小学生的英语学习效果和效率。

（五）文化意识比较

语法使语言规范，文化使语言得体。在外语教学中，文化指目标语国家的历史地理、风土人情、传统习俗、生活方式、行为规范、文学艺术、价值观念等。在英语学习过程中，接触和了解外国文化，有益于增进对英语的理解和使用，有益于加深对本民族优秀传统文化的认识与热爱，有益于培养跨文化交际意识和能力。

中国小学阶段二级标准如下：

1. 知道英语中最简单的称谓语、问候语和告别语；

2. 对一般的赞扬、请求、道歉等做出适当反应；

3. 知道世界上主要的文娱和体育活动；

4. 知道英语国家中典型的食品和饮料的名称；

5. 知道主要英语国家的首都和国旗；

6. 了解主要英语国家的重要标志物，如英国的大本钟等；

7. 了解英语国家中重要的节假日；

8. 在学习和日常交际中，能初步注意到中外文化异同。[①]

韩国课程标准没有对文化进行专门论述，而是将其融入相关标准之中。其主要内容如下：

1. 正确理解英语国家和非英语国家的习俗和文化；

2. 能欣赏外国文化，并用英语介绍本国文化；

3. 能清楚英语和韩语在语言上的不同点。

中韩两国课程标准均包括了解外国文化和理解本国文化。相比较而言，

---

①中华人民共和国教育部《义务教育英语课程标准（2011年版）》，北京：北京师范大学出版社，2012年。

中国课程标准对文化意识、文化能力的规定广泛而细致，体现出对教材和教学的具体指导作用。韩国将文化融于其他内容之中，留给教材编写者和教师较多的操作空间。

（六）交际活动比较

韩国课程标准特色之一是将交际活动单列。交际活动分为两部分：语音语言活动和书写语言活动。语音语言活动，即口语交际；书写语言活动，即写作活动。韩国课标为两类交际活动提供了相关交际功能、事例及语言规范。具体而言，功能分为五个方面：（1）友好的活动：问候、介绍、表扬、支持等；（2）多样化功能信息：证明事实、描述事实、实时报道等；（3）认知态度表达：同意、反对等；（4）情感表达：喜欢、不喜欢等；（5）想象：表达想象。[1]语言规范相当于语法知识，包括动词时态变化、名词单复数形式、情态动词的正确用法、不同疑问句的形式、连词和副词的用法等。

将交际活动作为单独板块呈现体现出韩国小学英语对语言交流的重视程度。韩国不仅重视口头交流，而且重视书面交流。相比之下，我国课程标准虽然提出了说和写方面的标准，但是总体而言要求较低，尤其对于写的要求基本限于语句层面，尚未提高到语篇层面。在这一点上，韩国课程标准可以带给我们启示。

六、课程实施建议比较

中国课程标准中包含明确的课程实施板块，具体包括教学建议、评价建议、教材编写建议和课程资源开发与利用建议四部分。韩国课程标准并未包括专门的课程实施板块，但是其教学方法和评价两部分内容分别对应我国课程实施的前两项内容。其课程标准虽未包括教材编写建议和课程资源开发与利用建议，但是相关内容或多或少体现于其他内容（如教学建议）之中。事实上，韩国在实际教学中比较重视教材编写和课程资源开发，这在一定程度上值得我国借鉴。

---

[1]韩国教育科学技术部《教育科学技术部告示第2008-160号》，首尔：教育科学技术部，2008年。

（一）教学建议比较

1. 两国教学建议内容

课程实施的核心是教学。教学必须有效，即进行有效教学。有效教学不仅在于教，而且在于学。一方面，英语教师应当灵活运用各种教学资源，指导学生掌握英语知识和技能，培养其英语学习的积极性和学习策略。另一方面，有效教学应当关注学生，以学生切实掌握各类知识与技能为目标。与此同时，教学应当注重培养学生的学习策略，帮助其形成自主学习能力和终身学习能力。对此，中韩课程标准分别提出自己的教学建议。两国教学建议如表5-4所示：

表5-4 中韩小学英语课标中教学建议内容

	教学建议具体内容
中国教学建议[①]	1. 面向全体学生，为每个学生学习英语奠定基础； 2. 注重语言实践，培养学生的语言运用能力； 3. 加强学习策略指导，培养学生自主学习能力； 4. 培养学生的跨文化交际意识，发展跨文化交际能力； 5. 结合实际教学需要，创造性地使用教材； 6. 合理利用各种教学资源，提高学生的学习效率； 7. 组织生动活泼的课外活动，拓展学生的学习渠道； 8. 不断提高专业水平，努力适应课程的要求。
韩国教学建议[②]	1. 使用多种适合的方法来完成教学目标； 2. 使用游戏来形成一个以活动为中心的课堂； 3. 班级计划并实行运用吟诵和歌曲来激发兴趣和情感； 4. 为了形成以学生为中心的班级，根据活动组织学习小组； 5. 听力教育应该使学生先熟悉语音，继而提高语音； 6. 口语教学首先关注内容，继而关注流利； 7. 如果理解了交流的意思，口语错误不应该立即被改正； 8. 阅读教育应该考虑小学英语教育环境和初学者的水平，同时联系语音教育，学生应该熟悉书写语言； 9. 阅读教育最低水平应该采用多种教育方法使学生理解发音和拼写之间的关系，从而熟悉书写语言； 10. 写作教育首先强调拼写和标点符号，然后逐渐关注意思； 11. 语言教学的同时，应当对外国文化进行适当介绍； 12. 阐明英语和韩语语言上的不同点； 13. 只要有可能，课堂应该用英语教学； 14. 使用多媒体素材和信息与通信技术，激发学生融入学习活动中； 15. 个别教育和合作教育应该与学生水平相符合； 16. 提高教学材料和教学方法的使用效率； 17. 教学内容符合学生水平，并能激发其学习信心和参与热情。

---

①中华人民共和国教育部《义务教育英语课程标准（2011年版）》，北京：北京师范大学出版社，2012年。

②韩国教育科学技术部《教育科学技术部告示第2008-160号》，首尔：教育科学技术部，2008年。

2. 两国教学建议比较

总体而言，中国课程标准教学建议涉及领域广，高屋建瓴，更多从宏观进行指导。韩国课程标准教学建议针对具体教学方法与行为，更多从微观进行指导，具有可操作性。具体比较如下：

（1）两国教学建议的相同点

第一，注重活动教学。

儿童与成人的性格差异之一是前者活泼好动，对此两国教学建议均有所关注。中国教学建议注重语言实践，培养学生的实际语言应用能力。其中，语言实践主要指"能用英语做事情"。对此中国教学建议特别提出采用任务型语言教学途径，任务即活动，即杜威所谓的"做中学"。与此类似，韩国提出以游戏形成和以活动为中心的课堂以及根据活动组织学习小组等建议。由此可见，两国表述虽然不同，但是在活动教学上却殊途同归。活动教学不仅符合儿童身心发展特点，而且符合语用教学规律。根据语言交际法理论，语言知识只有在交际活动中才能内化，形成具有广泛迁移性的语言应用能力。

第二，注重全体学生的发展。

中国的《课标（2011）》在课程基本理念中指出，英语课程要"面向全体学生，关注语言学习者的不同特点和个体差异"。中国的教学建议指出，"面向全体学生，为每个学生学习英语奠定基础"。这一教学建议是针对目前中国英语教学中普遍存在的两极分化和学生差异大的问题提出的。[1]而韩国也推崇以学生为中心的理念，为了促进每一位学生的发展，要求教师将个别教育与合作教育相结合。为了让全体学生充满信心并积极参与英语学习，教师在重组教学内容时要符合每一位学生的现有水平。

究其原因，小学英语属于基础教育范畴，旨在为日后初中、高中乃至大学的英语学习奠定基础，如果小学英语教育仅仅针对某一部分学生，那么基

---

[1] 王蔷《深化改革理念提升课堂质量》，《课程教材教法》2012年第1期。

础将无从谈起。与此同时，面向全体学生既包括共同发展，也包括差异化发展。换言之，小学英语教学应当在符合群体年龄特点的同时，尊重不同学生的年龄特点，以求在个性化教学基础上取得共同发展。在这一点上两国教学建议相同。

第三，注重跨文化交流意识。

语言与文化密切相关，语言的理解和使用都以特定文化背景为依据，中韩两国对于文化因素均比较关注。

中国教学建议要求教师引导学生关注英语学习中的文化因素，了解中外文化异同，并尽可能创设跨文化交际情境，让学生在文化交际过程中逐步形成跨文化交际能力。韩国要求教师在语言教学的同时，向学生介绍英语国家和非英语国家的情况，增强其跨文化知识。与此同时，要求学生能正确区分韩语和英语在语言上的不同点。两国就跨文化的表述虽然不同，但是基本精神一致。

第四，注重有效资源的运用。

英语学习是一项实践性、交际性、社会性的活动，仅仅利用课堂40分钟进行学习远远不够。有效运用教学资源，可以拓展英语学习和应用的渠道，使课堂变得生动活泼，使小学生的课外英语学习丰富多彩，从而激发其英语学习的兴趣，促进其英语学习的良性发展。因此，两国都比较重视运用教学资源。中国的教学建议要求合理开发与利用教材资源、学校资源、网络资源和师生资源。将这四种资源有效运用到小学英语教学中，拓宽学生知识面、减轻学生学习英语的压力。韩国教学方法要求小学英语教学使用多种多媒体素材和信息通信技术，激发学生融入学习活动中去，促进学生的成就感。

(2) 两国教学建议的不同点

第一，建议多寡不同。

显而易见，韩国教学建议（多达17条）是中国教学建议（仅为8条）的两倍以上。之所以存在这一差异是因为两国教学建议采用了完全不同的视角。中国教学建议更多采用宏观视角，对教学做出高屋建瓴的指导性建议，而韩国则采用微观视角，深入教学组织和语言技能各层面提出具体而微的建议。从这个意义上讲，中国是名副其实的课程标准，即多提方向，少提规范，而韩国更多体现为教学大纲的性质，即明确规范教学各环节。

第二，韩国重视语言技能。

我国课程标准教学建议提出，"注重语言实践，培养学生的语言运用能力"，并就此从教学活动的目的、内容、形式及其与语言技能和课外活动之间的关系提出四项建议。然而，这些建议总体而言属于宏观指导，并未深入微观层面，这固然给教师留下较多发挥空间，但是在实践层面上不免失之模糊，令教师难以操作。相比之下，韩国教学建议则深入听、说、读、写具体技能，根据不同技能的学习特点提出针对性建议，不仅具有可操作性，而且能够引起师生对英语各项技能的重视。韩国教学建议的这一特点基本延续了其课程内容对语言工具性的关注。

第三，中国强调学生自主学习能力。

韩国教学建议针对听、说、读、写以及教学各环节提出具体建议，在一定程度上反映了其课程对教师主导作用的重视。与此同时，其教学方法并未提出培养学生学习策略的建议。反观我国，教学建议明确提出加强策略指导，培养学生自主学习能力，提高其学习效率等问题。近年来，我国小学英语教学正在从以教师为中心转向以学生为中心，从传统的知识传递教学模式转向现代的知识建构教学模式。受此影响，英语教学越来越关注学习策略的培养。由此可见，在教与学的关系上，两国教学建议有所不同。

第四，中国重视教师专业化发展。

中国教学建议第八条从三个方面阐述了英语教师专业化的要求。第一，更新学科专业知识，提高语言素养；第二，不断积累学科教学知识，提高教学实践能力；第三，开展教学反思，促进专业可持续发展。其中学科专业知识指教师自身的英语语言素养，既包括扎实的英语基础语言知识与基本技能，也包括良好的英语文化修养。学科教学知识指英语教育心理学、英语课程与设计以及英语教学法等英语教学知识。教学反思是一个不断发现问题、分析问题和解决问题的过程。

客观而言，我国小学英语师资水平总体不高。当前我国许多地区小学英语教师主要是英语专业本科生、中等师范专科学校英语专业毕业生以及来自其他学科的转岗教师。其中，后两类教师数量依然庞大。据有关资料显示，现阶段小学转岗英语教师占多数，尤其是在中西部欠发达地区，这些转岗英语教师的最高学历和英语学历有相当大的差别。①这些教师往往英语语言素养和学科教学技能两方面的基本功都不够扎实。因此，他们存在专业化发展需要。

韩国课程标准虽然没有明确提出教师专业化发展建议，但是该国教师管理基本体现了专业化发展内涵。韩国现阶段小学英语国内师资来源包括小学教育专科毕业后再进修的现任小学教师、师范院校英语深化课程班毕业生以及小学体制外的中学英语教师。目前，韩国教育部门正督促师范院校改革课程设置，增加教学方法和教学实践课比例，从而使新任英语教师具备较高的英语技能和教学技能。②对于新任英语教师，韩国教育部门正在加强教师资格考核，除笔试之外增加了英语论述测试和听力测试。与此同时，韩国在英语教师聘用管理方面与国外展开积极合作。一方面，引入具有教师资格的英语母语人士作为英语教师;另一方面,选派优秀小学英语教师利用寒暑假到国外进修。此外,韩国还采取措施加强教师培训。其小学英语教师需要接受基础进修课程和深化进修课程,由此提高英语能力和教学技巧,胜任小学英语教学工作。

总体而言,韩国对小学英语教师有一套严格聘用和培训的体系。可能出于这一原因,其英语课程标准并未对英语教师专业化发展提出建议。相比之下,我国目前英语教师管理还存在不足,客观上需要专业化方针政策的指引。③这应当是中国课程标准重视英语教师专业化发展的原因。

---

①金春子《中韩小学英语教师培训比较研究》，延边大学硕士学位论文，2010年。
②王淑杰《韩国小学英语师资培训措施及其启示》，《中小学教师培训》2008年第12期。
③张航《浅析韩国英语教育制度改革的启示》,《湖北函授大学学报》2009年第2期。

(二)评价建议比较

1. 两国评价建议的内容

课程评价是课程的基本组成部分,在课程体系中起着重要的激励导向和质量监控作用,科学的评价体系是实现课程目标的重要保障。中韩两国分别采用评价建议和评价指南的名称,称谓不同,实质相同,均旨在为英语课程评价提出建议或方法(见表5-5)。

表5-5　中韩小学英语课程评价内容

课程评价具体内容	
中国评价建议[①]	1. 充分发挥评价的积极导向作用;2. 体现学生在评价中的主体地位;3. 根据课程目标要求确定评价内容与标准;4. 注意评价方法的合理性和多样性;5. 形成性评价要有利于监控和促进教与学的过程;6. 终结性评价要注重考察学生的综合语言运用能力;7. 注意处理教学与评价的关系;8. 小学的评价以激励学生学习为主。
韩国评价指南[②]	1. 建立评价目标要根据教育阶段的表现水平(熟练标准)和教学目标来进行;2. 运用多种方法评价教学进程和教学结果,分析并全面评价个人在语言技能方面取得的进步;3. 依据评估结果,选择正确的教学方法;4. 运用形成性评价检测教学方法是否适用,并运用结果改善教学方法;5. 评估语言表达能力(例如说和写)宜采用表演方式;6. 表演测试之前,对目标、内容、评价问题和评分标准进行分类;7. 通过成长记录袋评价、自我评价和学生评价,评价教学进程和教学结果。 小学评价因素:1. 小学阶段要照顾学生,不让他们有太多精神压力;2. 对学生进行发展评价时,关注小学英语教育进程和课本中的语言功能;3. 发展评价应将教学方法与评价相联系;4. 通过观察,评价每个学生所处的阶段(最权威的部分)。

2. 两国评价建议比较

(1)两国评价建议的相同点

---

①中华人民共和国教育部《义务教育英语课程标准(2011年版)》,北京:北京师范大学出版社,2012年。

②韩国教育科学技术部《教育科学技术部告示第2008-160号》,首尔:教育科学技术部,2008年。

第一,两国都重视评价方式的多样化。

既重视终结性评价,也重视形成性评价。中国课程标准中提到的形成性评价是学生和教师共同参与和实施的评价活动,教师应积极指导学生评价自己的学习行为和学习结果,使学生通过参与展现自己学习进步的各种评价活动,获得成就感,增强自信心,有效调控自己的学习过程。终结性评价是在一个学习阶段结束时对学生学习结果的评价,主要检测学生综合语言运用能力的发展程度。与此类似,韩国的评价指南在坚持终结性评价的同时重视形成性评价,且评价方式多样,主要包括成长记录袋评价、自我评价和学生评价等。两国评价均关注评价与教学的关系以及评价对教学的影响。

两国对形成性评价的重视与其应试文化不无关联。长期以来,我国虽然反对用终结性评价作为学业评估唯一的方式,可是无论社会、学校还是师生依然倾向于采用学科考试成绩来评定一个学生的学习情况,韩国也存在类似情况。和我国一样,英语在韩国是中高考必考科目,导致国家各级英语教学(包括小学教学)长期以来以考试为航标,过分依赖终结性评价。评价方式单一影响了两国的英语课程教学改革。因此,两国英语课程标准近年来比较关注评价方式的多元化发展。例如,我国《课标(2011)》就加大了对评价和测试问题的关注。①

第二,评价标准的制定要依据课程目标。

中国的课程标准指出教师要综合考虑课程标准中所规定的语言技能、语言知识、情感态度、学习策略和文化知识等五个方面的要求及特点,根据学生的实际情况确定评价标准,选择评价内容,采用恰当的评价形式。韩国评价指南同样指出建立评价目标应当根据教学目标和学生教育阶段的表现水平,以此为依据制定评价目标有利于提高评价的有效性。根据课程或教学目标制定评价标准是现代评价理论和实践发展的趋势,各国皆然。中韩两国依据目标制定评价标准的做法符合这一趋势。

① 陈琳、王蔷、程晓堂《义务教育英语课程标准(2011年版)解读》,北京:北京师范大学出版社,2012年,第96页。

第三,两国都重视评价与教学的关系。

教学和评价都是英语课程实施过程中的重要组成部分。教学是培养学生实际语言运用能力的关键环节,评价是监控教学过程和教学效果的重要手段。中国课程标准指出评价要服务教学、反馈教学、促进教学。韩国的评价指南也指出运用形成性评价来检测教学方法的可行性,并运用形成性评价结果来改善教学方法,即依据学生实际进展状况采用恰当的教学方法。

目前,中韩两国小学英语课堂在许多地区依然采用简单、生硬、低效的应试方法进行教学。这在很大程度上归结为单一评价形式,即采用终结性测试作为小学生英语学业唯一的评价方式。再者,两国英语测试依然存在重知识、轻技能的倾向。评价形式单一,评价设计欠合理影响了英语教学。正因为如此,两国课程标准均提出评价与教学的关系问题,提出评价要服务教学、反馈教学、促进教学。

(2)两国评价建议的不同点

第一,韩国课程评价更加细致。

与中国课程评价建议相比,韩国课程评价更加细致。这集中体现在两个方面:其一,评价建议具有技能针对性。我国评价建议虽然提出要"注重考察学生的综合语言运用能力",但是该建议仅仅属于宏观方向性建议。相比之下,韩国评价建议则显得具体而细微。相关建议深入读、写等技能领域,提出表演等明确的评价方法。这一建议与韩国课程标准的总体工具性倾向基本一脉相承。其次,韩国评价板块针对小学生心理发展特点提出了与之相符的具体评价建议。诚然,我国评价建议最后一条"小学的评价以激励学生学习为主"同样针对小学生,但是缺乏具体建议。相比之下,韩国评价指南围绕小学生评价提出一系列具体可操作的建议,充分体现了韩国对儿童发展规律的重视,这是韩国评价指南的一大特色。总体而言,韩国课程评价建议具有较强的针对性和可操作性,值得我国借鉴。

第二,评价主体略有不同。

评价主体既包括学校、教师,也包括学生。中国评价建议旗帜鲜明地提出"体现学生在评价中的主体地位"。在各类评价活动中,学生都是积极参与者和主动合作者。学生应在教师指导下依据评价标准,采用适当的评价方法和评价工具,对学习过程进行分析,发现问题,主动反思,调整学习策略,与此同时认识自我,树立自信,明确努力方向。反观韩国,其评价指南并未突出学生的主体地位,其评价标准与表述更多强调教师的主导或指导作用。中韩评价主体的差异在一定程度上折射出两国对教与学关系的态度。

（三）教材编写建议比较

1. 两国教材编写建议的内容

中国英语课程标准指出,英语教材指英语教学中使用的教科书以及与之配套的练习册、活动册、读物、自学手册、录音带、录像带、挂图、卡片、教学实物、计算机软件等。教材编写以课程目标和教学要求为依据,教材应尽可能灵活多样,满足不同学生的需求。因此教材编写应具有以下原则:思想性原则、科学性原则、趣味性原则、灵活性原则。①

韩国对小学英语教材的编写没有给出具体建议,但是通过韩国小学英语教材的编写和使用情况可以发现,韩国中小学教材一般是由大学教授、一线教师和教研员组成的教材委员会组织编写。教材委员会按课程要求编定的教材必须经过教育部门审查后方可投入使用。第七次课程改革前,韩国小学英语教材达十六种之多。为统一标准,规范教材使用,教育部门规定从2001年起全国小学统一使用一种英语教材,即Elementary School English(《小学英语》)。这套教材分为四册,分别供小学三至六年级学生使用。这是韩国义务教育阶段全国统编并统一使用的唯一教材。近年来,韩国中小学英语教材编写有两个特点:一是教材媒介从纸质逐渐向媒体转变,韩国小学英语教材都配有相应的光盘,相关学习资料和内容(尤其听、说训练材料)设置于教学光盘中;二是教材编写从注重语法阅读逐步向强调听、说转变。针对小学生特点,小学英语教材格外强调听、说技能,因此设置了大量课堂游戏和活动。

---

①中华人民共和国教育部《义务教育英语课程标准(2011年版)》,北京:北京师范大学出版社,2012年。

2. 两国教材编写比较

两相对比,中国对英语教材的编写之所以提出原则性要求,是因为我国小学英语教材版本较多,目前在全国范围内使用的就有十几种。各省份或区域编制的英语教材则更多。多样化教材固然能给英语教学增添灵活性,但是需要方向性指引。正因为如此,我国课标对教材编写提出了明确建议。韩国使用的是国家统一编写的教材。从2001年以来,韩国各小学基本使用国家统一教材。有鉴于此,韩国课程标准没有对教材编写专门提出建议。

(四)课程资源开发与利用建议

1. 两国课程资源开发与利用建议的内容

中国课程开发与利用建议从四个方面提出相关要求,具体表现在开发利用教材资源、学校资源、网络资源和学生资源。[①]

韩国英语课程标准没有专门设置课程资源开发与利用建议板块,但是在其教学建议中却提出应当利用多媒体素材和通信手段等。与此同时,从韩国相关政策和现状中可以看出韩国对课程资源的开发和利用非常重视。首先,互联网的使用。随着现代信息技术的发展,韩国充分利用计算机辅助语言学习。一方面通过开发英语教学软件提高课堂学习率;另一方面政府将通过开设卫星广播和创办英语学习网站为学生提供更多课后学习资源。[②]其次,社会资源的利用。韩国"英语村"的建立是一种浸入式教学。设计者们精心创设丰富的语言环境、设计一系列令学生感兴趣的主题课程,主要是为了让学生在充满乐趣和鼓励的语言环境中自然而然地习得英语。[③]第三,教师资源的利用。一方面韩国鼓励优秀小学英语教师出国进修;另一方面政府加大对外籍教师的聘用力度。仅2006年,政府聘用外籍英语教师的经费就占国家英语教育投入总预算的49%。小学生在课内外与外籍教师的接触有利于小学生英语技能的提高以及跨文化意识的培养。

---

① 中华人民共和国教育部《义务教育英语课程标准(2011年版)》,北京:北京师范大学出版社,2012年。
② 王栋《韩国中小学英语教学改革与发展述评》,《外国中小学教育》2010年第3期。
③ 姚凌《打造英语浸入式教学中心——韩国英语教育新举措》,《基础教育参考》2006年第3期。

2. 两国课程资源开发与利用建议的比较

相比较而言,两国在教学资源开发利用方面既有共性也有差异。一方面,两国均比较重视多媒体和网络资源的开发利用。这一点显而易见,无须赘言。另一方面,在构建英语习得环境和教师国际化方面,韩国的做法先于中国。其具体经验就是创建"英语村"以及在师资建设方面采用走出去和引进来的方法。前者可以在英语显性教学基础上为学生提供隐性习得语言的环境和资源,符合二语习得理论。后者可以提高师资力量,增强学生的学习兴趣,提升学生的跨文化交际能力。由此可见,韩国在课程资源开发利用方面比中国更丰富。

七、韩国小学英语课程标准对中国的启示

(一)重视英语的工具性

尽管中韩两国课程标准均在课程性质中开宗明义,认为英语具有工具性和人文性,但是两国课程标准在课程内容、教学和评价建议等方面对上述两种属性的处理方式有所不同。以课程内容为例,中国课程内容中的情感和文化具有鲜明的人文色彩,而韩国课程内容则并未包括这两项。相反,这两项内容隐含在语言技能、交际活动和言语材料等工具性内容中。与此相同的处理方式同样反映在中韩两国的课程教学和评价建议中。由此可见,虽然两国都推崇英语的工具价值和人文价值,但是中国平等对待这两种属性,而韩国则有主次或显隐之分。诚然,英语作为一门语言,具有文化传播、情感渗透的人文功能,但是这并非英语的根本属性所在。英语的本体属性是工具性,即英语是交流和思维的工具。[①]与工具性相比,人文性并非语言课程所独有,而是英语课程的伴随属性。有鉴于此,韩国将人文性融合于工具性的做法更加合理,值得我国课程标准借鉴。

(二)增加课程标准的可操作性

我国课程标准从昔日教学大纲演变而来。教学大纲规范性强,在一定程度上缺少灵活性,可能束缚教学空间。课程标准更多属于方向性指导,留给教师较

---

①王骏、陆军《多层次心智技能视域下的英语思维"工具性"》,《北京第二外国语学院学报》2015年第8期。

多的操作空间。从这个意义上讲,课程标准优于教学大纲。然而,课程标准在进行宏观指导的同时,不宜过于空泛。对比中韩两国课程标准可以发现我国课程标准在某些内容上略显空泛,可能失去指导意义。反观韩国课程标准,其建议常常深入听、说、读、写的具体技能,表述明确清晰,便于理解,易于操作,指导效果较好。在这一点上,我国课程标准不妨适当借鉴韩国课程标准的做法,提高标准的可行性。

(三)注重发挥教的主导作用

课程核心在教学,教学指教师的教与学生的学。近年来的一大趋势是比较注重以学生为中心,即关注学生的学习行为和学习效果,注重培养学生的学习策略、自主学习和终身学习能力,注重发挥学生在教学与评价中的主体作用。诚然,教学最终归于学生的学。然而,教学之所以不同于一般的学习活动,其特征之一就是学习是在教师指导下的学习。离开了教师的指导,教学将无从谈起,学习将难以奏效。在这一点上,韩国课程标准对我国具有一定启示。其课程标准,尤其教学和评价指南部分比较关注教师的主导作用,就教学和评价各环节对教师提出了一系列科学可行的建议。反观我国,教学建议和评价建议更多关注学生,在一定程度上未能对教师的主导作用予以足够重视。这或许与我国英语教学传统有关。长期以来,我国无论静态的课程还是动态的教学都以教师为中心。鉴于其存在的弊端,最新课程标准格外关注发挥学生的主体性。发挥学生主体作用无可厚非,但是不能削弱教师的主导作用。在这一点上韩国课程标准的种种建议值得我国思考。

(四)增加小学英语教育投入

韩国的小学英语教学改革之所以能顺利推行并取得明显成效,与韩国政府的重视和投入分不开。韩国对英语教育的投入不仅超过我国,也超过亚洲大多数国家。以建立"英语村"和大力引进外籍教师为例,韩国政府在英语教育上的投入可谓不遗余力。这些举措在很大程度上改善了师资结构,激发了学生学习英语的热情,对其英语应用能力的发展起到了促进作用。

我国英语课程标准的实验和修订总共历时11年,凝聚了广大专家和教师的心血。然而,这一成果不能仅仅停留在文本层面,而是要落到实处。虽然我国目前对小学英语教育的投入在不断增加,但是投入总体不足,尤其偏远贫困地区的小学英语教育基础设施依然相当落后。面对这一现状,我们可以适当借鉴韩国经验。对于发达地区,不妨加强国内外英语教学的合作与交流,同时建立类似"英语村"那样的纯英文环境,为学生提供英语交流机会。与此同时,针对欠发达或不发达地区,充分利用互联网技术,建立远程英语教育和交流资源,使各地区英语教育资源能够相互参照和共享,保证国民的英语教育权利平等。

第六章 中国与泰国小学英语课程标准比较研究

一、泰国小学英语教育概况

泰国属于多民族国家，泰国人约占85%，华人约占10%，其余还有蒙古族人、马来人、印度人以及山地居民，各自保持着自身的文化和语言。鉴于多民族的国情，泰国一直奉行多元化外语教育政策。受相关外语政策影响，泰国英语政策主要经历了三个发展阶段：

（一）政治改革前（1910年—1932年）的英语教育政策

当时泰国受殖民主义扩张影响，国王不得不在各方面进行改革，尤其是教育改革。拉玛第五世皇（朱拉隆功）非常重视英语学习，他曾讲过一段重要的话："语言的重要不仅仅是为了能与其他人交际，它也是我们学习其他知识的工具。"此外，他还指出"能读懂英语、会翻译的人就会得到很多益处，他们的生活比只懂泰语的人已经便利与丰富得多。"到了拉玛第六、七世皇朝代，外语教学政策大体上延续第五世皇的规定，即教育部允许学校教授英语、汉语、法语和德语，不过英语还是当时最主要的外语。1913年教育部条例规定在初中阶段开始教授英语，由此可见政府对外语教育的重视。

（二）民主政治和二战后（1932年—1960年）的英语教育政策

1932年教育部公布的《国家教育计划》明确规定大学毕业生必须懂得至

少两门外语，即初中阶段学习第一外语，高中学习第二外语，其中包括英语。1948年，《大学课程标准》规定大学生必须学习英语。"二战"后，泰国在经济上全面实行对外开放，坚持工业化发展，从一个典型的农业国一跃成为新兴的工业化国家。与此相应，泰国外语教育也发生了巨大变化。传统外语语种逐渐淡出，英语地位逐步上升。

（三）1960年至今的英语教育政策

1960年推行新学制后，英语被列为高中核心课程。1978年基础教育课程改革引入学分制后，英语暂时沦为和其他外语语种一样的中学选修课程。然而，1989年新课程改革中，英语又享受到特殊待遇，被单独提前到小学开设。1996年则规定从小学一年级开始设置英语，并把英语定为小学必修课程。2001年制定的基础教育课程（Basic Education Curriculum A.D. 2001）中，把教学内容分为八组：泰文、数学、科学、社会宗教与文化、健康与身体学、艺术、就业与技术、外语。其中最后一组"外语"为泰国英语教学的主要依据。按照教育部规定，每一等级必须设有英语课程，而其他外语课程由学校按照学习者的兴趣、需要及能力适当安排。2008年出台的《2008年基础教育核心课程》规定英语是必修外语，其他外语如法语、德语、汉语、日语等由各教育机构根据实际情况做出选择。

二、课程标准框架比较

课程标准框架能够清晰展现各基本板块，是课程标准最外显的结构特征，体现了课程标准的基本设计思路，决定了课程内容的展现形式及程度。分析和比较中国《义务教育英语课程标准（2011年版）》（以下简称《课标（2011）》）和泰国的《2008年基础教育核心课程》（以下简称《核心课程（2008）》）基本框架，有利于我们对两国英语课程标准的整体把握。

（一）中国小学英语课程标准基本框架

中国义务教育阶段英语课程标准的主体部分，主要分为以下五个部分：

第一部分，前言。介绍了义务教育阶段开设英语课程的重要性，包括课程性质、课程基本理念和课程设计思路三部分内容。

第二部分，课程目标。包括总目标和分级目标，在总目标中介绍了各部分目标之间的相互关系。

第三部分，分级标准。本部分的核心内容是各个级别需要达到的具体目标要求。按照义务教育阶段英语课程的总目标要求，分级标准对语言技能、语言知识、情感态度、学习策略和文化意识等五个方面分别提出了要求。其中，对语言技能中听、说、读、写等技能提出五个级别的不同目标要求，对语言知识、情感态度、学习策略和文化意识提出了二级和五级目标要求。

第四部分，实施建议。包括教学建议、评价建议、教材编写建议和课程资源开发与利用建议。

第五部分，附录。该部分包含了九项内容。分别为语音项目表、语法项目表、词汇表、功能意念项目表、话题项目表、课堂教学实例、评价方法与案例、技能教学参考建议、课堂用语（见表6-1）。

表6-1　中国义务教育英语课程标准框架

中国义务教育英语课程标准框架
第一部分　前言（课程性质、课程基本理念和课程设计思路）
第二部分　课程目标：
（总目标）
（分级目标：语言技能、语言知识、情感态度、学习策略和文化意识）
第三部分　分级标准
语言技能：一级（听做、说唱、玩演、读写、视听）
二级（听、说、读、写、玩演视听）
三至五级（听、说、读、写等技能标准）
语言知识：二级（语音、词汇、语法、功能、话题）
五级（语音、词汇、语法、功能、话题）
情感态度：二级（7条标准）
五级（9条标准）

续表

中国义务教育英语课程标准框架
学习策略：二级（基本策略等标准）
五级（认知策略、调控策略、交际策略、资源策略等标准）
文化意识：二级（8条标准）
五级（12条标准）
第四部分 实施建议
教学建议
评价建议
教材编写建议
课程资源开发与利用建议
第五部分 附录
语音项目表
语法项目表
词汇表（二级词汇表、五级词汇表、不规则动词表）
功能意念项目表
话题项目表
课堂教学实例
评价方法与案例（听力、口语、读写等能力评价方法与案例）
技能教学参考建议（听力技能、口语技能、阅读技能、写作技能等的教学）
课堂用语

（二）泰国《核心课程（2008）》基本框架

泰国《核心课程（2008）》阐述了所有学科的课程标准，共包含22个章节，依次为背景、版本、课程原则、课程目标、学习者主要能力、课程的理想特征、课程的学习标准、课程等级指标、学习目标与标准、学习者能力拓展活动、教育阶段、学习时间分配、学习时间结构、特殊教育群体的教育规定、课程实施、课程媒介、课程评价、课程评价原则、教育依据的文件、学习结果的迁移、课程实施与管理、学习标准和分项指标。与英语课程相关的内容散见于各章节中。其中，英语课程基本理念体现在"课程原则"这一章，英语课程的设计思路体现在"课程的理想特性""课程等级指标""教育阶段"等章节中,英语课程实施的教学建议体现在"课程实施""学习者主要能力"等章节中,英语课程实施的评价建议体现在"课程评价""课程评价原则"等章节中,英语课程实施的课程资源开发与利用建议体现在"课程媒介"这一章中。最后一章《外语分项指标及核心学习内容》集中描述了英语课程目的和目标等内容,类似我国课程标准中的对应目标内容,主要分为以下四个部分(见表6-2)。

第一部分:外语学习目的。这一部分主要阐述了英语的重要性和英语课程的性质。英语作为一种工具,在人们的交际、教育、求知、工作等方面起到了重要的作用。

第二部分:外语学习目标。阐述了英语学习的总目标,包括语言与交际目标、语言与文化目标、语言与其他学习领域的连贯目标、语言与社区和世界的关系目标。

第三部分:学习目标及标准。列出了英语学习的分级目标及具体标准。语言与交际目标中包括三个标准,语言与文化目标包括两个标准,语言与其他学习领域的连贯目标只有一个标准,语言与社区和世界的关系目标包括两个标准。每个标准都以表格形式介绍了从小学一年级到高中十二年级的具体分项指标。

第四部分:学习者能力。这部分是对英语分级目标的总描述,共分为四个等级,每个等级下又分别设十个分项目标。

表6-2 泰国《核心课程(2008)》中小学英语课程标准的基本框架

泰国《核心课程(2008)》中小学英语课程标准的基本框架
第一章 外语学习目的
第二章 外语学习目标
语言与交际目标
语言与文化目标
语言与其他学习领域的连贯目标
语言与社区和世界的关系目标

续表

泰国《核心课程（2008）》中小学英语课程标准的基本框架
第三章 学习目标及标准
语言与交际：
标准1：了解及解释媒体信息，并合理地表达意见
标准2：具有用语言进行沟通和交换信息的技能，能高效地表达感受和意见
标准3：用口语和书面语展示信息、概念及意见
语言与文化：
标准1：了解目的语言与文化的关系，能够在各种场合中适当运用
标准2：了解目的语和泰语的语言和文化异同，并能准确和适当运用
语言与其他学习领域的连贯：
标准：用外语连接其他学科的知识，作为进一步学习、提高和扩展视野的基础
语言与社区和世界的关系：
标准1：在学校、社区及社会各种场合使用外语
标准2：用目的语作为进一步学习、工作及与世界交流的基本工具
第四章 学习者能力
小学三年级毕业生的能力（一级）
小学六年级毕业生的能力（二级）
初中三年级毕业生的能力（三级）
高中三年级毕业生的能力（四级）

（三）两国课程标准框架比较

1. 整体编排比较

中国《课标（2011）》由五大部分组成，分别是前言、课程目标、分级标准、实施建议和附录。泰国《核心课程（2008）》中小学英语课程标准部分由四大部分组成，分别是外语学习目的、外语学习目标、学习目标及标准和学习者能力。

中国《课标（2011）》中将课程目标分为总目标和分级目标两个部分，总目标介绍了语言技能、语言知识、情感态度、学习策略和文化意识这五个方面的分级目标及各分级目标之间的相互关系。泰国《核心课程（2008）》中列出的"外语学习目的"和"外语学习目标"这两个章节可对应理解为我国英语课程目标中的总目标;"学习目标及标准"以及"学习者能力"可以对应理解为我国课程标准中的分级标准和分级目标。中国对五个方面的分级目标提出五个级别的要求,而泰国对其分级目标提出了四个等级的要求。

2. 学段划分比较

中泰两国课程标准均将小学阶段英语学习分为低年级和高年级阶段,但是学段具体划分存在明显差异。中国《课标(2011)》将小学阶段英语课程划分为两个学段:三年级至四年级、五年级至六年级。泰国《核心课程(2008)》中小学英语课程标准部分同样将义务教育划分为两个学段,但是划分的时间段与我国有所不同,两个学段分为:小学层次、初中层次。其中小学阶段英语课程划分为两个学段:一年级至三年级、四年级至六年级。两国学段划分不同的主要原因是中国的英语课程直到小学三年级才开设,而泰国在小学一年级就开设英语课程。泰国在一年级开设英语课有其理论和实践基础。理论上一至三年级属于语言学习关键期的重要阶段;实践层面上,随着现代教育已经提前至学龄前,一年级孩子已经具有学习英语的条件,而且小学低年级学习英语能够为日后英语学习奠定坚实的基础。

3. 课时分配比较

在课时分配方面,中国《课标(2011)》规定义务教育阶段英语课时的安排应尽量体现短时高频原则,保证每周三至四次教学活动,周课时总时间不少于80—90分钟。

泰国《核心课程(2008)》对英语课程和学习者能力拓展活动规定了最少课时框架结构。其中小学层次(小学一至六年级)为按学年分配课时,英语学习总课时低年级为40课时,高年级为80课时。在此基础上,教育机构可以根据学校条件、教学侧重点以及学生能力适当增加课时。具体情况如表6-3所示。

通过比较可以看出,中国《课标(2011)》中规定的小学英语总课时明显少于泰国。中国对小学英语课时安排虽然坚持短时高频原则,并规定周课时总时间不少于80—90分钟，但硬性规定的每周总课时数少于泰国。不仅如此，泰国除了对基本学习时间的规定外，各教育机构可根据规定增加课时数。在增加课时的同时，学校均应该根据教育机构特点、学生能力及毕业标准调整学习内容或拓展活动，中国则没有课时数灵活安排这一项。

表6-3　泰国小学英语课时分配

学习内容/活动	学习课时									
	小学						初中			高中
	1	2	3	4	5	6	1	2	3	1-3
基本课程										
外语	40	40	40	80	80	80	120 (3学分)	120 (3学分)	120 (3学分)	240 (6学分)
总计 (基本课时)	800	800	800	800	800	800	840 (21学分)	840 (21学分)	840 (21学分)	1560 (39学分)
活动课程	200	200	200	200	200	200	120	120	120	360
补充课程	一年不超过 80 小时						一年不超过 240 小时			不低于 1680 小时
总课时	一年不超过 1000 小时						一年不超过 80 小时			总共 3 年 不低于 3600 小时

三、课程目标比较

课程目标指学生通过某门课程的学习所应达到的学习结果及其程度要求，是关于学生学习活动结束之后行为变化的描述。课程目标是教育目的、培养目标的具体化，课程目标的确立有助于为课程内容的选择与组织提供根据，有助于为课程实施和评价提供准则。《课标（2011）》将"内容标准"改为"分级标准"，是各个级别需要达到的具体目标要求，而不是关于教学内容的标准，因为英语课程的教学内容是开放的，不能指定明确的标准。课程目标和课程分级标准是整个课程编制过程中的关键准则。因此，我们将对中国《课标（2011）》和泰国的《核心课程（2008）》中的小学英语课程目标和课程分级标准进行分析与比较。

(一) 中国课程目标

英语课程目标设计在《课标（2011）》中分为课程总目标和课程分级目标两个层次。总目标提供目标的总体框架结构，分级目标在整体框架下按五个级别描述学生的综合语言运用能力的表现。

1. 课程总目标

义务教育阶段英语课程的总目标是：通过英语学习使学生形成初步的综合语言运用能力，促进心智发展，提高综合人文素养。综合语言运用能力的形成建立在语言技能、语言知识、情感态度、学习策略和文化意识等方面整体发展的基础上。这五个方面共同构成英语课程总目标（见图6-1）。这五个方面的关系以圆圈表示，划分五个方面的目标构成，既表示这五个方面相互联系，相辅相成，也表示各个部分没有明显的先后顺序。它们的有机联系和共同发展将促进学生综合语言运用能力的形成。

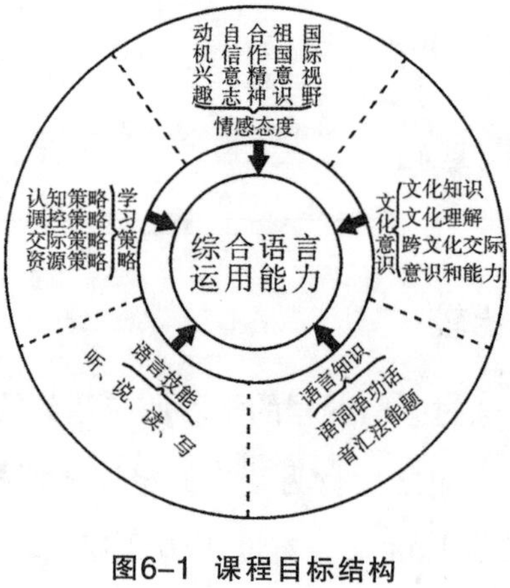

图6-1　课程目标结构

2. 课程分级目标

义务教育阶段英语课程各个级别的目标是指学生在语言技能、语言知识、情感态度、学习策略和文化意识五个方面应达到的综合行为表现。表6-4是对义务教育阶段一级和二级分级目标的描述。

表6-4 一级和二级分级目标的描述

级别	目标描述
一级	对英语有好奇心,喜欢听他人说英语。 能根据教师的简单指令做动作、做游戏、做事情(如涂色、连线)。能做简单的角色表演。能演唱简单的英文歌曲,说简单的英语歌谣。能在图片的帮助下听懂和读懂简单的小故事。能交流简单的个人信息,表达简单的感觉和情感。能模仿范例书写词句。 在学习中乐于模仿,敢于表达,对英语具有一定的感知能力。 对学习中接触的外国文化习俗感兴趣。
二级	对学习英语有兴趣。 能用简单的英语互致问候,交换有关个人、家庭和朋友的简单信息,并能就日常生活话题做简短叙述。能在图片的帮助下听懂、读懂并讲述简单的故事,能在教师的帮助下表演小故事或小短剧,演唱简单的英语歌曲和歌谣。能根据图片、词语或例句的提示写出简短的描述。 在学习中乐于参与、积极合作、主动请教,初步形成对英语的感知能力和良好的学习习惯。 乐于了解外国文化和习俗。

中国的课程分级目标用简练的文字从总体上概述了义务教育阶段英语课程一至五级的分级课程目标。每一级别概括为四小段文字,涉及情感态度、技能与知识、学习策略和文化意识目标。从各个级别的分级目标描述可以看出,各个级别在目标上的整体递进关系有利于指导教学和评价。

(二)泰国课程目标

1. 外语学习目标（对应我国课程总目标）

泰国《核心课程（2008）》中的外语学习目标可对应理解为我国的英语课程总目标。外语学习目标旨在让学习者在所需场合能用外语进行交际、求知、工作并满足升学需要，与此同时，了解世界多元文化和知识，并将泰国文化传播到世界各地。其主要内容包括：

语言与交际：用外语听、说、读、写技能交流信息，表达情感及个人意见；能解释含义，展示信息，总结思想以及表达对客观事物的见解等，并以此建立适当的人际关系。

语言与文化：能够合理地根据外语文化进行外语交际，处理好外语和国外文化与泰语和泰国文化之间的关系，并能合理应用。

语言和其他学习领域的连贯：将外语与多学科知识进行连贯，是发展自我、求知和开阔视野的基础。

语言与社区和世界的关系：在各种场合下使用外语，包括课内外、社区与社会，将外语作为升学、工作和学习交流的基本工具。

2. 学习者能力（对应我国课程分级目标）

学习者能力从语言与交际、语言与文化、语言和其他学习领域的连贯、语言与社区和世界的关系、语言技能、语法项目等目标引申发展而来。学习者能力共分四个等级，每个等级下又分别设十个分项目标。其中小学教育阶段涉及前两个等级（见表6-5）。

表6-5　小学教育阶段英语分级目标描述

级别/年级	英语课程分级目标
一级 （一至三年级）	1. 根据听到的指令、请求做出相应动作；正确读出字母、词、词组、简单句子及进行简单的歌谣说唱；准确说出所听到的词及词组的意义；根据听到或看到的句子、对话或简单故事回答问题。2. 根据听到的信息，用简短话语进行对话；用简单指令和请求表达自己的简单需求；用口语提供或索取有关自己和朋友的个人信息；根据听到的信息，表达自己对各种周边事物的感受。3. 用口语表达自己和周边事物的信息；根据听到或看到的信息，对有关人物、动物和物件的词汇进行分类。4. 根据目的语文化、社会礼仪进行口语及肢体表达；说出目的语文化中节日、重要日子、庆祝活动和生活方式的名称及相关词语；根据自己的年龄适当参与语言和文化活动。5. 说出目的语与泰语之间的字母、词、词组及简单句的发音区别。6. 说出与其他学科相关的词语。7. 就课堂上的简单场景进行听和说。8. 能用目的语收集关于身边事物的词语。9. 使用约300—450个词汇就个人、家庭、学校、周边环境、食物、饮料及休闲娱乐的话题进行外语沟通（重视听、说)。10. 使用单词句和简单句进行日常对话。

续表

级别/年级	英语课程分级目标
二级 （四至六年级）	1. 根据听到和看到的指令、请求及介绍做出相应动作；正确朗读句子、语篇、故事及短诗；根据所看到的符号或标志，选择、识别正确的句子或语篇；依据听到和看到的对话、简单故事概括主要内容并回答问题。2. 用口语、书面语进行人际沟通；使用有关命令、请求、允许及介绍的词语；在简单情况下用口语、书面语表达需求、寻求帮助、同意和拒绝帮助；用口语和书面语提供及索要关于自己、朋友、家庭和周边事情的信息；用口语、书面语表达身边事物，并给出简短理由。3. 用口语、书面语提供有关自己、朋友和周边环境的信息；根据听到和看到的信息，绘制图片、蓝图、图表和表格；用口语、书面语表达对身边事情的看法；4. 根据目的语言文化和社会礼仪适当使用话语、语气和肢体搭配；提供有关目的语国家节日、重要日子、庆祝活动、生活方式的信息；根据自己的兴趣参与语言和文化活动。5. 说出各种句子的发音异同点；使用标点符号根据目的语和泰语的句子结构排序词语；比较目的语国家与泰国的节日、庆祝活动和传统习俗的异同点。6. 在学习资源里索搜和收集有关其他学科的词汇，并用口语、书面语进行展示。7. 用外语就课堂上和学校里的各种场合进行沟通。8. 用目的语搜索及收集各种信息。9. 使用1050—1200个词汇就个人、家庭、学校、环境、食物、饮料、休闲娱乐、健康与福利、买卖和气候的话题进行外语沟通（重听、说、读、写）。10. 在各种情景下，使用单句和复句表达意思。

（三）两国课程目标比较

1. 课程目标阶段比较

中国《课标（2011）》中将课程目标分为总目标和分级目标进行阐释。总目标是对学生综合语言运用能力的总体描述，具有全局性、方向性、指导性特点。总目标提出语言技能、语言知识、情感态度、学习策略和文化意识五个维度的课程目标结构。分级目标从上述五个维度分别就一至五级目标进行总体概括。其中，第一学段（三至四年级）应达到一级目标要求，第二学段（五至六年级）应达到二级目标要求，第三、四、五学段均为初中目标（见图6-2）。

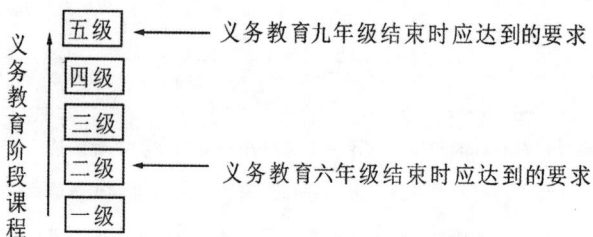

图6-2 中国义务教育阶段英语课程分级目标体系

泰国《核心课程（2008）》中的外语学习目标相当于我国课程总目标，提出英语在人们的交际、教育、求知、工作等方面所起的重要作用。与我国总目标提出五大维度类似，泰国提出语言与交际、语言与文化、语言与其他学习领域的连贯以及语言与社区和世界的关系四个目标维度。学习者能力分为四个级别，类似我国目标五级分类。我国各级别目标描述均围绕技能、知识、情感、策略、文化五个维度展开，而泰国各级别则按其四大维度进行目标表述。我国第一学段为三至四年级，需要达到一级目标，第二学段为五至六年级，需要达到二级目标；泰国第一学段为一至三年级，需要达到一级目标，第二学段为四至六年级，需要达到二级目标（见图6-3）。

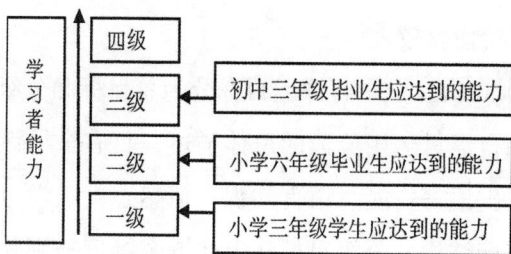

图6-3 泰国义务教育阶段英语课程分级目标体系

从上述比较可以发现两国课程学段划分均非与年级一一对应。我国一个学段包括两个年级，而泰国一个学段跨越三个年级。学段在时间跨度上大于年级，体现了课程安排的灵活性。由于存在个体差异，学生虽然学习相同的课程，但是进度有快有慢。课程仅仅要求学生在学段结束（而非年级结束）时达到相同能力，这赋予教学一定空间。在这一点上两国课程存在共性。然而，仔细分析可以发现泰国在学段划分上比我国宽泛。换言之，泰国课程在目标分级上留给师生的空间更大。我国通常将小学学习分为低（一、二年级）、中（三、四年级）、高（五、六年级）三个学段，英语学习跨越后两个阶段。泰国则以三年级作为分界线将小学分为两个学段。这体现了两国对儿童发展阶段的认知差异。

2. 课程目标内容比较

我国英语课程标准划分了语言技能、语言知识、情感态度、学习策略和文化意识五个方面的内容，在此基础上阐述课程目标。泰国将课程目标分为语言与交际、语言与文化、语言与其他学习领域的连贯以及语言与社区和世界的关系四个领域（见表6-6）。仔细分析相关目标表述可以发现三个差异。首先，我国目标内容侧重于按照知识类别进行划分。众所周知，知识、技能、情感、策略与文化属于不同知识类别。相比之下，泰国的目标内容更倾向按照英语的实际应用领域进行划分。文化、其他学科、社区和世界均属于社会生活的不同领域。其次，我国目标领域广泛，而泰国目标领域精准。我国目标内容不仅包括知识技能，而且包括情感策略，而泰国的目标内容按照知识属性分析基本上属于知识技能领域。第三，从难度分析，泰国的目标难度总体上高于我国。以词汇为例，泰国二级目标要求学生能够使用1050—1200个词汇，而我国二级目标仅仅要求学生学习600—700个词汇，初步运用400个词汇。两国课程标准在其他语言知识和技能的比较上同样体现出这一难度差异。究其原因，我国学生从三年级才开始学习英语，而泰国小学英语则从一年级开始设置。

表6-6　中泰小学阶段英语课程目标内容领域对照表

年级	中国小学英语课程目标内容领域	年级	泰国小学英语课程目标内容领域
三至六年级	语言技能	一至六年级	语言与交际
	语言知识		语言与文化
	情感态度		语言与其他学习领域的连贯
	学习策略		语言与社区和世界的关系
	文化意识		

3. 课程目标价值取向比较

透过两国课程目标内容可以发现两国关于英语语言的价值取向存在差异。众所周知，语言具有工具性和人文性。前者指语言在信息交流和思维发展方面所起的媒介作用，后者指语言可以促进人的全面发展。我国课程标准明确提出英语具有工具性和人文性。与此相应，五大内容分别体现了这两种属性。语言技能和语言知识属于工具性质，情感态度和文化意识更多发挥人文属性，学习策略对两者起调节作用。仔细分析泰国课程目标可以发现其内容或涉及听说读写、或涉及词汇语法、或属语义范畴、或属语用范畴，然而万变不离其宗，均和语言直接相关。由此可见，泰国课标内容更多体现出工具性价值取向。换言之，泰国英语课程目标更多关注英语特有的价值，即工具价值，而我国目标既关注英语自身的价值，也关注英语和其他人文社会学科共有的价值。

四、课程内容比较

我国英语课程标准将课程内容划分为语言技能、语言知识、情感态度、学习策略和文化意识五个方面，并阐述了不同阶段对应的分级标准。泰国英语课程标准则将课程内容划分为语言与交际、语言与文化、语言与其他学习领域的连贯、语言与社区和世界的关系四个领域，并就不同领域的内容进行细化。其中，语言与交际类似于我国课程标准中的语言技能。两者从本质上均指语言信息接收和表达的能力。语言与文化显然在我国课程标准中属于文化意识范畴。值得关注的是泰国课程标准中的语言与其他学习领域的连贯以及语言与社区和世界的关系在中国课程标准中并不存在对应项。这二者就其本质而言并非课程内容，而属于语言应用范畴。与此同时，泰国课程标准中并未将语言知识、学习策略和情感态度作为独立的课程内容。总体而言，泰国课程标准在内容选择上体现出更多的工具性倾向，即倾向于语言技能和文化意识的实际运用，而中国课程内容则体现为工具性和人文性的平衡。

由于两国课程内容划分不同，所以只能对其近似或相似的内容进行比较。尽管泰国课程标准中没有语言知识、情感态度和学习策略，但是相关内容或多或少出现于其课程标准中。有鉴于此，下文将按照语言技能、语言知识、情感态度、学习策略、文化意识和语言与其他学习领域的连贯六个部分对两国课程内容进行比较。

（一）语言技能的比较

泰国的语言与交际目标标准大体上与中国的语言技能目标标准相对应。泰国的语言与交际目标下设三个主要标准，分别为：了解及解释在各种媒体里听到和看到的信息，并合理地表达意见；具有用语言进行沟通和交换信息的技能，并高效地表达感受和意见；用口语和书面语展示信息、总体概念及意见。在这三大标准下面，分别通过表格的形式对具体标准进行了阐述。在课程标准语言技能方面，泰国是将六个年级分开来表述的，分别对这六个年级的学生在听、说、读、写这四个技能方面做出了相应规定，但其更重视听和说。而中国将小学英语学习期分为两个学段，根据不同的学段，小学生所达到标准的内容也是不同的，例如第一学段是听做、说唱、玩演、读写、视听；而第二学段是听、说、读、写、玩演视听。

1. "听"的比较

听是通过听觉器官辨音并理解话语的能力。从中泰语言技能标准"听"

的分项标准内容对照表中（见表6-7）可以看出，中泰两国听力标准既有共性，也有差异。共性在于两国低年级听力要求都重视听音做事的能力，即根据所听内容完成相应动作。这一点在两国听力一级要求中体现得尤其明显。差异在于中国听力标准中并未涉及说的内容，而泰国标准在听力部分提出说的要求，即听力反馈不仅在于做，而且在于说。换言之，中国标准侧重于听，而泰国标准更加重视听说互动。

表6-7 中泰语言技能——"听"的标准对照表

级别/学段	中国"听"的标准描述	级别/学段	泰国"听"的标准描述
一级 （三至四年级）	能根据听到的词句识别或指认图片或实物；能听懂课堂简短的指令并做出相应的反应；能根据指令做事情，如指图片、涂颜色、画图、做动作等；能在图片和动作的提示下听懂简单的小故事并做出适当的反应。	一级（一至三年级）	标准一：根据听到或看到的简单指令和请求做出相应动作；根据听到的词、词组及句子选择或识别正确的图片或符号； 标准二：根据听到的信息，用简短词语进行交际；根据听到的信息，使用简单的指令、请求和允许。
二级 （五至六年级）	能借助图片、图像、手势听懂简单的话语或录音材料；能听懂简单的配图小故事；能听懂课堂活动中简单的提问；能听懂常用指令并做出相应的反应。	二级（四至六年级）	标准一：根据听到或看到的指令、请求和建议做出相应动作； 标准二：根据听到的信息，用口语表达身边事物及其关系。

2. "说"的比较

说是运用口语传递信息、表达思想、进行交流的能力。从中泰课程标准"说"的标准对照表中（见表6-8）可以看出中泰两国"说"的标准基本切合儿童认知特点和生活环境。这一阶段对"说"的要求主要限于表达姓名、年龄、个人好恶以及表示同意、拒绝等基本生活信息。中国课程标准中有两点值得关注：注重模仿和语音。其一级标准提出根据录音模仿说话，这体现了外语环境下学习口语的渐进性特点。就发音而言，中国标准要求学生发音清楚，语调基本达意，而泰国没有这方面要求。由此可见，中国比较强调语音规范，而泰国对语音体现出更多的包容性。与中国相比，泰国关于"说"的标准显得更加综合。中国标准主要为单方向口头表达，而泰国标准则为根据所听或所看内容进行表达。换言之，泰国标准不仅要求学生会说，而且要求学生在理解的基础上进行说，这使说在技能运用上体现出更多综合性，在信息交流上体现出更多交互性。

表6-8 中泰语言技能——"说"的标准对照表

级别/学段	中国"说"的标准描述	级别/学段	泰国"说"的标准描述
一级（三至四年级）	能根据录音模仿说话；能相互致以简单的问候；能相互交流简单的个人信息，如姓名、年龄等；能表达简单的情感和感觉，如喜欢和不喜欢；能根据表演猜测意思、说出词语；能学唱英语儿童歌曲和歌谣15首左右；能根据图、文说出单词或短剧。	一级（一至三年级）	标准一：根据听到或看到的句子、对话和简单故事回答问题；标准二：根据听到的信息，表达自己的简单需求；标准三：用口语提供有关自己和身边事项的信息。
二级（五至六年级）	能在口头表达中做到发音清楚，语调基本达意；能就所熟悉的个人和家庭情况进行简短对话；能运用一些最常用的日常用语（如问候、告别、致敬、道歉等）；能就日常生活话题作简短叙述；能在教师的帮助和图片的提示下描述或讲述简单的小故事。	二级（四至六年级）	标准一：根据听到和看到的句子、对话和短文概括其主要内容及回答问题；标准二：用口语进行交际；用口语表达自己的需求，寻求帮助，对日常帮助表示同意和拒绝；标准三：用口语提供有关自己、朋友和身边环境的信息；用口语表达对身边事物的意见。

3. "读写"的比较

读是辨识书面语言的能力，即辨认文字符号并将文字符号转换为信息和意义的输入能力；写是运用书面语表达思想、传递信息的能力。从中泰"读写"标准对照表中（见表6-9）可以看出中泰两国读写方面存在明显差异。首先，中国从一级到二级标准读写始终并行，即既有读的要求也有写的要求。泰国则为先读后写：一级侧重于读，二级在读的基础上开始写。从二语习得规律看，先读后写较为合理。要求儿童在外语学习伊始就开始写有可能加重认知负担，削弱外语学习的积极性。其次，就读而言，中国课程标准要求借助图片进行阅读，而泰国没有相关建议。小学低年级儿童形象思维发达，抽象思维薄弱，借助图片阅读符合阅读能力的发展规律。与此同时，中国标准要求学生养成按意群阅读的习惯，这反映出中国课程标准比较重视策略性知识。然而，泰国课程标准重视短诗和绕口令的朗读，符合儿童认知特点，易于激

表6-9   中泰语言技能——"读写"的标准对照表

级别/学段	中国"读写"的标准描述①	级别/学段	泰国"读写"的标准描述②
一级（三至四年级）	能看图识词；能在指认物体的前提下认读所学词语；能在图片的帮助下读懂简单的小故事；能正确书写字母和单词；能模仿范例写词句。	一级（一至三年级）	标准：识别字母及读音，正确拼读和朗读词、词组、句子及简单的绕口令。
二级（五至六年级）	读：能认读所学的词语；能根据拼读的规律，读出简单的单词；能读懂教材中简短的要求或命令；能读懂贺卡所表达的简单的信息；能借助图片读懂简单的故事或小短文，并养成按意群阅读的习惯；能正确朗读所学故事或短文。写：能正确使用大小写字母和常用标点符号；能写出简单的问候语和祝福语；能根据图片、词语或例句的提示，写出简短的语句。	二级（四至六年级）	标准一：正确朗读及拼读词、词组、句子、语篇、绕口令、故事及短诗；标准二：用书面语提供有关自己、朋友和身边事项的信息；根据看到的信息画出图片、蓝图和图表来表达身边事物的关系；用书面语表达对身边事项的意见。

①中华人民共和国教育部《义务教育英语课程标准（2011年版）》，北京：北京师范大学出版社，2012年。

②泰国教育部《2008年基础教育核心课程》，曼谷：泰国农业合作社社区有限公司印刷场，2008年。

发儿童的英语学习动机。第三，就写的要求而言，中国标准总体难度低于泰国。中国的二级标准主要限于写语句，而泰国同期标准要求"用书面语表达对各种身边事项的意见"，这在一定程度上已经开始从语句上升到语篇层面。最后，泰国标准特别使用"书面语"一词，体现出该国课程设计者对语体风格的关注。

4. "玩演视听"的比较

玩演视听在中国课程标准中有详细阐述，而泰国没有这方面的标准。玩演和视听在中国课程一级标准中分开描述，但是在二级标准中合并在一起。

中国在小学阶段对学生玩演视听分项技能的要求如下：在一级标准中，玩演部分包括能在教师指导下用英语做游戏并在游戏中进行简单交际；能做简单的角色扮演。视听部分包括能看懂语言简单的英语动画片或程度相当的英语教学节目，课堂视听时间每学年不少于10小时（平均每周20—25分钟）。二级玩演视听中前三个内容属于玩演，第四个内容属于视听。玩演部分要求学生能用简单英语做游戏；能在教师帮助下表演小故事或小短剧；能学唱简单英语歌曲和歌谣30首左右（含一级要求）。视听部分要求学生能看懂程度相当的英语动画片和英语教学节目，课堂视听时间每学年不少于10小时（平均每周20—25分钟）。

泰国课标没有对玩演活动进行单独阐述，而是将其穿插于"听"和"说"之中。例如泰国一级目标要求学生能正确朗读歌谣，能根据听到的信息模式，用简短话语进行对话；二级目标要求小学六年级毕业生能朗读歌谣或短诗等。就视听而言，泰国没有相关独立要求。由此可见，泰国尚未对视听予以足够重视。小学生（尤其是低年级学生）形象思维发达，视听教学符合其认知特点和语言习得规律，可以调动其外语学习的积极性。

(二) 语言知识的比较

语言知识是语言运用能力的有机组成部分，使学生掌握一定的语言知识有利于提高英语学习效率，促进其英语实际运用能力。中国小学教育阶段学生应该学习和掌握的英语基础知识分为语音、词汇、语法、功能和话题五个方面的内容。这五个方面密切联系，不可分割。泰国没有单独列出语言知识，相关知识散见于语言与交际以及语言与文化等目标中。下文将对中国课标中的语言知识与泰国课标中的相应内容进行比较。

1."语音"的比较

语音是言语外壳，是语言基础，是人们传递信息和交流思想的重要工具。离开了语音，语言在很大程度上将不复存在。一般来说，英语语音包括字母、音标、单词和句子的音节、重音、语调和节奏等，这些都是语言教学的重要内容。

中国课程标准语言知识中关于小学阶段语音的要求如下：正确读出26个英文字母；了解简单拼读规律；了解单词有重音，句子有重读；了解英语语音包括连读、节奏、停顿、语调等现象。

泰国课程标准未将语音作为单独内容进行阐述，但是在其外语教学目标及标准中却不乏关于语音的表述。例如，能正确读出字母、词、词组、简单句子及简单歌谣说唱的发音；说出目的语与泰语之间字母读音的区别；说出目的语和泰语各种句子的读音、断句的异同点。

总体而言，中泰两国对语音都给予了一定关注。泰国要求对英语和泰语发音的区别有所了解；中国对语音的规定更加详细。关于拼读规律、重音、连读、节奏、停顿、语调等语音现象，中国课标都提出了具体要求。两相比较，中国强调读音规范，要求能在口头表达中做到发音清楚；泰国课标对于语音相对宽容，其口语要求更多在于交际效果，而不在于语言和语音的准确性。

2."词汇"的比较

英语词汇包括单词、短语、习惯用语以及固定搭配等多种形式。词汇是语言细胞，是语言理解和表达的基础。

中国英语课程标准对小学阶段词汇的要求如下：学习有关本级话题范围内600—700个单词和50个左右的习惯用语，并能初步运用400个左右单词表达二级规定的相应话题。

　　泰国虽然没有对词汇要求进行单独表述，但是在语言与交际等标准中可以看到词汇要求，具体如下：小学三年级学生能根据词汇对人物、动物和东西进行分类；说出目的语和泰语之间的词汇区别。一级标准规定小学三年级学生应使用300—450个词汇就个人、家庭、学校、周边环境、食物、饮料及休闲娱乐的话题进行外语沟通（重听、说）；二级标准规定小学六年级毕业生应使用1050—1200个词汇就个人、家庭、学校、环境、食物、饮料、休闲娱乐、健康与福利、买卖和气候的话题进行外语沟通（重听、说、读、写）。

　　总体而言，泰国课程标准的词汇要求高于中国。前者要求的词汇量几乎是后者的两倍。然而，中国对词汇标准的描述既全面又详细。一则，中国词汇要求对接受性词汇（600—700个单词）、产出性词汇（初步运用400个左右单词）以及短语（50个左右习惯用语）进行了划分，并分别提出要求。二则，中国课程标准附录列出了二级词汇表、五级词汇表、不规则动词表等。英语词汇众多，进行词汇教学的前提是对其进行分级和分类。提供词汇表可以使词汇教学更加科学、高效。

　　3."语法"的比较

　　语法是语言发生作用的框架，是关于语言知识的系统描写。如果没有语法，人们就无法用语言进行交流。语法教学是英语教学的重点和难点。

　　中国课程标准要求学生在具体语境中理解以下语法项目的意义和用法：名词单复数和名词所有格、人称代词和形容词性物主代词、一般现在时、现在进行时、一般过去时、一般将来时、表示时间和位置的常用介词、简单句的基本形式。学生不仅需要理解相关语法知识，而且需要在实际语境中运用语法知识。

　　和词汇一样，泰国没有对语法进行单独描述，而是将其融合在其他目标和标准之中。一级标准规定小学三年级学生能够使用单词句和简单句进行日常对话；二级标准规定小学六年级毕业生应学会在各种情景下使用单句和复句表达意思。

总体而言，泰国课程标准对于语法没有提出详细目标和标准，而中国将语法置于语法知识项目之下，对不同级别的语法要求提出具体详细的标准。与此同时，中国语法项目附录表对名词、代词、数词、连词、介词、形容词、副词和动词等进行了详细描述。泰国对语法知识显然持淡化态度，其外语教学目标和标准更多涉及语言技能，即语言的实际运用，而非以语法为代表的语言知识。换言之，与其说泰国不重视语法的语义描述，不如说更重视语法的语用功能。

4."功能"的比较

中国课程标准要求学生理解和运用以下功能：问候、介绍、告别、请求、邀请、致谢、道歉、情感、喜好、建议、祝愿等。泰国对功能的描述散见于相关外语目标和标准中，具体如下：小学三年级规定学生根据所听到的信息模式使用指令和简单请求；小学六年级要求学生使用指令、请求、允许，并给予建议。

中泰功能描述总体相似，两国功能均与日常生活密切相关，均符合儿童的实际需要，便于小学生学习、理解和运用。

5."话题"比较

中国课程标准要求学生能够理解和运用下列话题：个人情况、家庭与朋友、身体与健康、学校与日常生活、文体活动、节假日、饮食、服装、季节与天气、颜色、动物等。

泰国课程标准对话题的基本要求是能用英语（口语或书面语）索要和提供有关自己、朋友、家庭和身边事项的信息。具体到不同阶段，课程标准规定小学三年级学生能够就个人、家庭、学校、周边环境、食物、饮料及休闲娱乐等话题进行外语沟通；规定小学六年级毕业生能够就个人、家庭、学校、环境、食物、饮料、休闲娱乐、健康与福利、买卖和气候等话题进行外语沟通。

中泰两国话题内容都很丰富，都来源于儿童身边的世界。这些话题既能激发儿童兴趣，也便于讨论，符合外语教学"真实性"的原则。

（三）文化意识的比较

我国著名英语教育专家陈琳在解读义务教育英语课程标准时曾指出，文化指一个国家或民族的历史、地理、风土人情、传统习俗、生活方式、文学艺术、行为规范、思维方式、价值观念等。任何语言都蕴含丰富的文化内涵。"从某种意义上说，一种文明的文化体系是通过语言来标记、传达的"。因此，学习外语必须学习相关文化。此外，学习语言旨在交际。美国社会语言学家海姆斯（Hymes）曾提出交际能力的四个要素，即可能性（possibility）、可行性（feasibility）、得体性（appropriateness）和现实性（attestedness in actual performance），后两个因素直接和文化相关。运用语言不仅靠语言知识，也不仅靠语言技能，还要靠文化知识。唯有理解相关文化，学生才能根据不同场合，恰当、得体、真实、地道地运用语言。因此，学习英语离不开对英语国家文化的学习和理解。对英语文化的了解与理解有利于加深对本国文化的认识，培养爱国主义精神，也有利于提高综合人文素养。

中泰两国都强调文化意识是综合语言运用能力的一个组成部分，在分级标准中都有详细描述。中国将文化意识标准分为二级和五级两个层次，其中二级是义务教育小学阶段应该达到的要求，而泰国在语言与文化这一分级目标标准中详细描述了文化意识。泰国将语言与文化目标分为两大标准：了解目的语言和文化的关系，并能够在各种场合中进行适当运用；了解目的语和泰语的语言文化异同，并能准确适当运用。根据这两大标准，泰国以表格形式详细阐述了小学一至六年级文化意识方面的具体标准（见表6-10）。

表6-10　中泰小学阶段文化意识标准对照表

中国小学阶段文化意识 二级标准描述[①]	泰国小学阶段语言与文化分级标准描述[②]	
知道英语中最简单的称谓语、问候语和告别语；对一般的赞扬、请求、道歉等做出适当的反应；知道世界上主要的文娱和体育活动；知道英语国家中典型的食品和饮料的名称；知道主要英语国家的首都和国旗；了解主要英语国家的重要标志物，如英国的大本钟等；了解英语国家中重要的节假日；在学习和日常交际中，能初步注意到中外文化异同。	一级（一至三年级）	标准一：1.按照目的语的社会礼貌和文化使用礼貌和恰当的言语、语气和肢体动作；2.提供有关目的语国家节日、重要日子、庆祝活动和生活方式的信息，并回答问题；3.根据自己的兴趣参加语言和文化活动。 标准二：识别并说出目的语和泰语字母读音、词、词组和简单句子的区别。
	二级（四至六年级）	标准一：1.按照目的语的社会礼貌和文化使用礼貌和恰当的言语、语气和肢体动作；2.提供有关目的语国家节日、重要日子、庆祝活动和生活方式的信息并回答问题；3.根据自己的兴趣参加语言和文化活动。 标准二：1.说出目的语和泰语的各种句子、语篇、标点符号和语序的异同点；2.说出并比较目的语国家与泰国的节日、庆祝活动和传统习俗的异同点。

从上述对照表中可以看出，中泰两国基础英语教育均注重文化意识的培养。两国在课程标准中都要求学生了解英语国家文化，尤其是基本文化常识，并在此基础上得体地使用英语，这是两者的共性。两者差异有三：其一，泰国关于文化知识教学的标准更高。例如，中国标准要求学生初步注意中外文化异同，而泰国需要学生说出并比较目的语国家与泰国文化的异同点。这一要求使文化知识学习从单纯理解记忆上升为具有思维性质的比较思考，这有助于学生在学习外语过程中培养批判性的思维能力。其二，泰国文化标准不

---

①中华人民共和国教育部《义务教育英语课程标准（2011年版）》，北京：北京师范大学出版社，2012年。

②泰国教育部《2008年基础教育核心课程》，曼谷：泰国农业合作社社区有限公司印刷场，2008年。

仅涉及节日、风俗等文化内容，而且涉及语言结构，其标准要求学生说出英、泰语言词汇、句子、语篇的异同，这体现出泰国课程标准设计者充分认识到文化对语言结构的影响，透过文化看语言可以帮助学生在更深层次上学习和掌握语言。其三，泰国语言与文化标准规定学生可以根据自身兴趣参加语言和文化活动。由此可见，泰国更注重学生跨文化交际能力的培养，而中国在这方面有所欠缺。

(四) 学习策略和情感态度的比较

学习策略指学生为了有效地学习和使用英语而采取的各种行为和步骤以及指导这些行动和步骤的信念。现代社会倡导终身学习的理念，自主学习能力是终身学习的前提，而形成有效学习策略是发展自主学习能力的必经之路。近年来，我国英语教育格外注重对学生学习策略的培养。中国《课标(2011)》把英语学习策略分为认知策略、调控策略、交际策略和资源策略。需要注意的是，上述分类为五级标准，二级标准并未对学习策略进行分类。仔细分析，二级标准的侧重点在于认知策略，对调控策略和资源策略有所涉及，但是有关交际策略的表述却很少。换言之，我国小学阶段的英语学习策略重在如何学，而非如何用。尽管如此，中国课程标准关于英语学习策略的描述仍然条理清晰，具体详细。相比之下，泰国课程标准对于学习策略并未进行独立描述。不仅如此，在其课程标准其他内容中关于学习策略的表述也微乎其微。

情感态度指兴趣、动机、自信、意志和合作精神等影响学生学习过程和学习效果的相关因素以及在学习过程中形成的祖国意识和国际视野。情感包括积极和消极的情感（如焦虑、抑制、过于内向、害羞、胆怯、缺乏外语学习动机等），前者有利于学习，后者阻碍学习。大量研究表明，学习情感和学习成果之间存在正相关。正因为如此，我国课程标准对于情感因素比较关注，将其与语言知识、语言技能并列，共同作为英语学习的目标。中国小学阶段情感态度二级标准要求学生能体会到英语学习的乐趣；敢于开口，表达中不怕出错误；乐于感知并积极尝试使用英语；积极参与各种课堂学习活动；在小组活动中能与其他同学积极配合和合作；遇到困难时能大胆求助；乐于接触外国文化，增强祖国意识。和学习策略一样，泰国课标关于情感态度的描述几乎没有。

泰国课程标准关于学习策略和情感态度内容的或缺可以从其英语语言价值观方面得到解释，仔细分析其课程标准不难发现泰国小学阶段英语教育的关注点在于语言知识、语言技能和语言文化。众所周知，这些是语言不同于其他学科的内在规定。相比之下，情感态度、学习策略虽然对于英语学习和运用具有一定影响，但是并非英语学科所独有，而是为各学科所共有、可以广泛迁移的学习品质。泰国小学英语教育目标为语言与交际、文化、其他学科领域以及与社区世界的关系。由此可见，其英语教育更多关注英语的实际运用。换言之，泰国课程标准真正关注的是英语的工具性价值。学习策略和情感态度总体而言并非英语工具性外延，而更多属于人文范畴。我国课程标准由于兼顾英语的工具价值和人文价值，所以将这二者列入课程标准，并进行详细描述。泰国由于仅仅重视英语的工具价值，未能将其纳入课标。

（五）语言与其他学习领域的连贯的比较

将外语与其他学习领域进行连贯整合，有利于外语知识的获得和外语能力的发展。反过来，外语能力的提升也有利于通过外语获取其他领域的知识。

泰国重视整合外语和其他领域知识的学习。其语言与其他学习领域的连贯部分明确要求小学一至三年级学生能够说出其他学科的词语，小学四至六年级学生能够探索、收集其他学科的词语，并用口语或书面语展示。将外语和其他领域结合的教学在理论上被称为基于内容的教学（Content-based Instruction），其基础形式为学习其他领域词汇，高级形式为用外语学习其他领域学科内容，即沉浸式教学法（Immersion）。事实上，泰国一些学校已经将学科内容作为英语教学的一部分，这既提高了学生的英语水平，也拓宽了其知识面。我国少数小学曾经进行过相关尝试，但是在绝大多数学校英语教学与其他学科之间依然缺乏联系。与此相应，我国课程标准并未像泰国那样建议甚至要求整合外语教学和其他学科教学。

五、课程实施建议比较

在中国的《课标（2011）》中，第四部分的实施建议从四个方面进行阐述，分别为教学建议、评价建议、教材编写建议、课程资源开发与利用建议。泰国的《核心课程（2008）》与中国有所不同，其课程标准没有提到教材编写建议，但是包括课程实施部分（与中国的教学建议相对应）、课程评价部分和课程评价的原则部分（与中国的评价建议相对应）、课程媒介部分（与中国的课程资源开发与利用建议相对应）。需要注意的是这三部分并非针对英语学科，而是适用于所有学科领域的总课程实施建议。尽管如此，这些建议同样适用于英语教学。由于这三部分建议与我国的教学建议、评价建议和课程资源开发与利用建议相对应，因此两者在一定程度上具有可比性。有鉴于此，本章以上述建议为参照，对中泰两国小学英语课程实施建议进行比较。

（一）两国教学建议的比较

课堂教学是把课程标准中的理念和要求落实到教学实践的核心环节，是课程理念在教学中得以实施的关键。按照课程标准进行教学，是有效实施课程标准的重要保证。就教学而言，要想达到课程标准的教学要求，必然要开展有效教学。有效教学即根据学生的发展状况，整体规划各个阶段的教学任务，有效整合课程资源，优化课堂教学。就学生而言，有效教学的目标是促进学生的有效学习，而有效学习要求培养学生的自主学习能力，为学生的持续发展奠定基础。具体到英语教学，教师应当吸收相关教学理论，借鉴成功的教学经验，引导学生进行有效学习，切实掌握语言知识和语言技能，了解英语文化，在此基础上形成综合语言运用能力。

中泰两国小学英语课标中教学建议标准的具体内容如表6-11：

表6-11 中泰小学阶段英语课程教学建议标准对照表

中国教学建议的具体内容	泰国课程实施建议的具体内容
1. 面向全体学生，为每个学生学习英语奠定基础； 2. 注重语言实践，培养学生的语言运用能力； 3. 加强学习策略指导，培养学生自主学习能力； 4. 培养学生的跨文化交际意识，发展跨文化交际能力； 5. 结合实际教学需要，创造性地使用教材； 6. 合理利用各种教学资源，提高学生的学习效率； 7. 组织生动活泼的课外活动，拓展学生的学习渠道； 8. 不断提高专业水平，努力适应课程的要求。	课程实施的原则：1. 学生是最重要的主体；2. 所有人能够获得平等教育和自我发展的机会；3. 优先满足学生的需要；4. 课程实施过程必须使学生的潜能得到最大程度的发挥；5. 应考虑到学生身心发展的差异性；6. 注重知识和道德的同步教学。 教师在课程实施中的建议：1. 研究和分析每个学生，然后根据获得的数据设计课程实施，刺激并促进学习者能力的发展；2. 设定目标并使学生获得知识、技能、概念、态度和理想的品德等；3. 教学符合个体身心发展水平，促进学生实现学习目标；4. 提供有助于学习的气氛和环境，提供必要的关心和帮助，以促进学生更好地学习；5. 合理使用媒介工具、技术手段和当地教育资源；6. 采用符合学科特征和学生水平的方法评估学习者的进步水平；7. 分析评估结果，发展对学生更有益的评估方法，提高教师自身的教学方法和活动。 学生在课程实施中的建议：1. 确定学习目标，制订计划并对自己的学习负责；2. 探寻知识，尽力获取学习资源，分析与合成知识，提出问题并通过各种途径寻求答案解决问题；3. 采取行动，总结所学知识，并把所学知识运用于各种实践中；4. 合作、参加同龄人或老师组织的活动；5. 持续评估和改进自己的学习过程。

从中泰两国小学阶段英语课程教学建议标准对照表中可以看出泰国课程教学建议包括的范围比较广，在教学建议的总原则下，不仅指出了教师在课程教学中的建议，比如教学方法、教师自身的专业化发展水平等，也对学生在课程学习中的建议进行了描述，而中国主要针对教师教学提出了建议。总体而言，两国建议既有共性，也有差异。

1. 两国教学建议的共性

（1）注重全体学生的发展

中国《课标（2011）》在基本理念中指出英语课程要"面向全体学生，关注语言学习者的不同特点和个体差异"。在《课标 (2011)》的教学建议部分中也明确提出"面向全体学生,为每个学生学习英语奠定基础"。这一教学建议是针对目前中国英语教学中普遍存在的两极分化和学生差异大的问题提出的。泰国也非常重视教学要面向全体学生。泰国《核心课程 (2008)》在课程原则中指出, "课程要有利于为所有人创造获得平等和高质量教育的机会而服务"。泰国课标教学实施建议提出让所有人能够获得平等教育和自我发展的机会。

中泰两国英语教学均注重全体学生的发展有其必然性。首先,义务教育是教育的基础阶段。其特性之一就是全体性,即义务教育必须面向全体学生,促进每一个学生的发展。其次,在小学设立英语课程旨在为中学以及大学的英语学习奠定基础。如果小学英语教育仅仅针对某一部分学生,那些落后的学生日后将难以进行更深层次的英语学习。第三,面向全体学生的小学英语教学对国家意义重大。鉴于英语作为国际通用语言的地位和作用,国民英语能力是国家重要的语言资源,是构建全球化下人力资源最重要、最直接的能力之一。从这个意义上讲,小学英语应当面对全体学生。唯有如此才能为提高国民整体英语水平,为提高国家竞争力奠定基础。

(2) 注重语言的实践性

中国《课标 (2011)》教学理念部分提出"强调学习过程,重视语言学习的实践性和应用性",中国《课标 (2011)》教学建议部分再次强调"注重语言实践,培养学生的语言运用能力",并倡导教师创设真实情景,采用任务型教学模式,培养学生"用英语做事情"的能力。与此类似,泰国《核心课程 (2008)》在教学建议部分指出学生应该"采取行动,总结所学知识,并把所学知识运用于各种实践中"。

显而易见,中泰两国课程标准都比较注重语言实践或应用。语言学习不在于语言知识的积累,而在于语言应用能力的形成。中国学生从小学三年级到大学毕业,积累了众多语言知识,然而却很难用英语和外国人进行交流,"哑巴英语"使学生和家长都很失望。有鉴于此,中国英语课程标准在理念、目标和教学建议中都强调培养学生的英语应用能力。泰国课程标准具有工具性倾向。与此相应，其课程目标和内容均未包括语言知识，而教学建议部分则再次强调要将所学知识运用于实践。

(3) 注重资源的有效利用

中国《课标（2011）》的教学建议中要求教师根据实际教学条件，创造性地利用黑板、白板、卡片、简笔画、教学挂图、模型、实物等传统媒体，同时积极利用音像、广播电视、多媒体以及网络等现代教学资源，丰富教学内容和形式。教学建议针对小学低年级学生的认知特点特别提出要使用丰富多彩的教学资源，使教学内容、形式与过程更加直观、生动、形象。泰国《核心课程（2008）》在教学建议中要求教师准备和使用适合于活动组织的媒介工具，并在教学活动中利用当地教育智慧和适当技术手段；要求学生应探寻知识，尽力获取学习资源，分析与合成知识本身，提出问题并通过各种途径来寻求答案和解决问题的方法。

中泰两国都注重运用教学资源有其原因。首先，英语学习是一种语言学习，是一项实践性、交际性、社会性活动，仅仅利用课堂上短短的40分钟来学习远远不够，所以需要丰富的语言资源，使学习者可以接触到语言的真实运用形态。[1]其次，义务教育是面向全体学生的教育。学生差异性很大，某些学生看动画片学习英语效果好，某些学生看着文字学习英语效果好。多种教学资源的有效运用可以满足学生差异性，有利于学生的潜能得到最大程度的发展。第三，英语在中泰两国是外语，社会环境中的英语学习资源相对缺乏。所以，英语教学需要利用多种资源为学生学习英语创造良好条件，提高学习效率。此外，各种有效资源的运用可以使小学英语课堂变得生动活泼，也可以使小学生的课外英语活动变得丰富多彩。这既可以激发小学生学习英语的兴趣，也有助于其切实习得语言的应用能力。

2. 两国教学建议的差异

---

①翁巧玲《中韩小学英语课程标准比较研究》，扬州大学硕士学位论文，2013年。

（1）中国更加注重创造性使用教材

教材是实现教学目标的重要手段和材料①，义务教育阶段的英语教材作用更加突出。究其原因，英语在中国和泰国都是一门外语。对于很多学生而言，英语教材是他们唯一接触到的英语语料。所以，英语教材的作用比其他学科的教材重要性更大。中国《课标（2011）》在教学建议部分指出，义务教育阶段的英语教学要求教师把握教材特征，深入分析教学内容的语言运用特性，准确理解教学内容的语境，善于利用教材的优势进行教学。当然，在教学中，教师也要善于根据教学需要，对教材加以适当取舍和调整。中国的小学英语教材是基于全国普遍要求或者全省普遍要求编写的，不可能满足每个地方、每个学校、每个班级所有的具体要求。所以，中国课程标准要求教师根据教学客观条件、学生现有水平以及具体教学实际情况，对教材做出适当调整，采用最适合实际教学需要的方法，提高教材的利用率。与中国课程标准不同，泰国课程标准在教学建议中没有关于教材使用的具体描述。

（2）两国课外活动差异

英语课外活动是英语学习的重要组成部分，能为学生的语言实践和自主学习提供更大平台。课外活动有助于激发和提升学生学习英语的兴趣，丰富语感、开阔视野、增长知识、发展智力和塑造性格。②中国的《课标（2011）》在教学建议部分指出教师应根据学生的年龄特点和需求，结合当地经济文化发展实际，开展课外活动，英语课外活动要着重调动学生参与的积极性。泰国《核心课程（2008）》在教学建议中要求学生能够合作，参加同龄人或老师组织的活动。中泰两国都注重开展各种各样的英语课外活动。不过，两国开展的英语课外活动大相径庭。

中国义务教育阶段英语课程中常见的课外活动有：话剧表演，创办英语

---

①中华人民共和国教育部《义务教育英语课程标准（2011年版）》，北京：北京师范大学出版社，2012年。

②中华人民共和国教育部《义务教育英语课程标准（2011年版）》，北京：北京师范大学出版社，2012年。

报刊、节目，开展英语书法展览、英语语音魔方比赛等专项活动，开展英语节、英语角等综合项目活动。而泰国在学习者能力拓展活动中建议进行心理指导活动、学生活动（包括童子军活动、女童军活动、少年红十字会活动、社会服务活动、各种俱乐部活动）、社会公益活动这三种形式的课外活动。①两相比较可以发现，我国课外活动主要为校园环境中的活动，而泰国课外活动已经在一定程度上从学校深入社会，更多体现为校外活动。由于英语在两国均属于外语，缺乏丰富的语言学习和习得资源，校外活动可以适当弥补这一缺憾。与我国校内课外活动相比，泰国校外活动增加了语言知识技能的迁移空间和领域，增强了语言运用的真实性，更容易激发学生学习英语的积极性。

（3）两国培养自主学习能力的差异

中国《课标（2011）》在教学建议部分指出，"加强学习策略指导，培养学生自主学习能力"。学习是学习者的行为，因而自主学习是学习的内在要求。自主学习以有效学习为前提和结果，而有效学习与学习策略密切相关。作为英语学习的起始阶段，有必要对小学生进行英语学习策略的培养。再者，学习策略教学是中国传统英语教学弊端的解决之道。在中国应试教育的大背景下，很多学校的小学英语教学仍然采用"传递—接受"的模式，其结果是学生也许能获得英语知识，但是却难以形成语言技能，更难形成真实语境中的实际语言运用能力。进行学习策略教学有助于学生针对不同英语语言知识进行不同学习，从而切实培养英语语言应用能力。此外，中国小学英语教育的大班额现象比较突出，教师往往难以照顾到每一个学生，这客观上需要对学生进行学习策略的培养，以帮助其形成自主学习的能力。因此，中国课程标准中教学建议部分非常重视培养学生的自主学习能力。

泰国《核心课程（2008）》教学建议部分同样重视学习者能力的培养。所

①泰国教育部《2008年基础教育核心课程》，曼谷：泰国农业合作社社区有限公司印刷场，2008年。

不同的是，就学习能力培养而言，中国教学建议更多是对教师提出的建议，而泰国建议更多体现为对学生学习提出的建议。具体而言，泰国建议部分就学习计划、过程、合作、评估提出了自主学习要求。由此可见，泰国课标对学生学习能力的信任度更高。

(4) 中国更加注重教师专业化发展

中国《课标（2011）》首次提出了"教师专业化发展"的概念，在教学建议中比较详尽地阐述了教师专业化发展的内涵：一是更新学科专业知识，提高语言素养；二是不断积累学科教学知识，提高教学实践能力；三是开展教学反思，促进专业可持续发展[1]。其中英语教师应具备的学科专业知识包括系统的英语语言基本知识，扎实的语言基本功和较好的综合语言运用能力。英语学科教学的知识与能力主要指如何帮助学生建构语言知识、发展语言能力的有效教学知识。教学反思是一个不断发现问题、分析问题和解决问题的过程，是教师专业化发展的重要途径。教师专业化水平是课程有效实施的关键，小学英语课程尤其如此。究其原因，我国小学英语师资水平总体不高。近年来，中国小学英语教师的学历和水平虽然有所提高，但是总体而言，小学英语师资队伍中依然包含较多中等师范专科学校英语专业毕业生和少数本科院校英语专业毕业生，以及来自其他学科的转岗教师。尤其在中西部欠发达地区，转岗英语教师的学历层次和英语素养令人担忧。[2]有鉴于此，我国小学英语教师专业发展水平亟待提高。泰国《核心课程（2008）》并未专门提出教师专业化发展的教学建议，但是其建议却不乏相关内容。例如，要求教师分析评估结果，改进并发展对学生更有益的评估方法，提高教师自身的教学方法和活动等。总体而言，我国建议分别从学科素养、教学素养以及教学反思三个层面提出建议，与泰国相关建议相比显得内涵清晰，层次分明。两者的差

---

[1]中华人民共和国教育部《义务教育英语课程标准（2011年版）》，北京：北京师范大学出版社，2012年。

[2]金春子《中韩小学英语教师培训比较研究》，延边大学硕士学位论文，2010年。

异在一定程度上可以归结为两国对英语语言学习本质认识的差异。研究表明，在外语学习观念上，中国教师的信念更富有现代特征，而泰国教师更倾向于传统。[①]

（5）泰国更加注重以学习者为中心

泰国《核心课程（2008）》在课程教育目的中指出，"在教学中坚持以学习者为重心"。泰国课程标准在教学建议部分注重学生的学习过程，提倡教学过程要以学习者为中心。学习过程主要包括：综合性学习过程、创造性学习过程、思维学习过程、社会学习过程、启发式学习过程、从实践经验学习的过程、实践性学习过程、探究过程、自我学习过程和发展品德的学习过程。泰国要求教师以学生为中心进行过程性教学。因此，教师需要学习了解各种学习过程，做出正确选择。在实际教学过程中，泰国学生作为学习主体的地位得到了真正体现。中国教学建议同样强调以学生为主体。但在实际教学过程中，受传统、应试以及大班额影响，学生的主体作用未能充分体现，教学更加倾向于教师的教，而非学生的学。

（二）两国课程评价建议的比较

1. 两国评价建议的内容

Bloom将评价作为人类思考和认知过程等级结构模型中的最基本因素。[②]综合各方面因素，评价指通过评价者对评价对象的各个方面，根据评价标准进行量化和非量化的测量过程，最终得出一个可靠并且符合逻辑的结论。教育评价是教育体系和教育过程的重要组成部分。

教育评价是英语课程的重要组成部分，在课程体系中起着重要的激励导向和质量监控作用，科学的评价体系是实现课程目标的重要保障。中国英语课程标准以建议的方式提供评价指导，泰国评价建议则采用标准形式。此外，

---

①陈钧、韦启卫《中泰英语教师语言学习信念比较研究》，《黔南民族师范学院学报》2012年第4期。

②Bloom B.S. Taxonomy of Educational Objectives: The Classification of Education Goals. New York: Longmans, Green. 1956.

泰国还特别指出了课程评价的原则（见表6-12）。

表6-12 中泰小学阶段英语课程评价建议标准对照表

中国评价建议的具体内容①	泰国课程评价和课程评价原则的具体内容②
1. 充分发挥评价的积极导向作用； 2. 体现学生在评价中的主体地位； 3. 依据课程目标要求确定评价内容与标准； 4. 注意评价方法的合理性和多样性； 5. 形成性评价要有利于监控和促进教与学的过程； 6. 终结性评价要注重考察学生的综合语言运用能力； 7. 注意处理教学与评价的关系； 8. 小学的评价以激励学生学习为主。	课程评价的四个层次：1. 班级评价。该种评价由教师执行，在教学过程中，教师应利用多种评估手段（如访谈，观察，检查作业、任务、档案和考试等等）对学生的学习进行定期或不定期的监测与评估；教师要进行自我评价，同时为学生提供自我评价、同龄人评价和父母评价的机会。2. 学校评价。该种评价由教育机构执行，每学期都对学生的学业成绩（包括阅读、思维、写作、理想品德和学习者拓展活动等）进行评估。3. 地方评价。该种评价由教育区执行，用来评估学生是否达到了基础教育核心课程所规定的学习标准。4. 全国性检测。该种评价是为了检测学生是否达到了国家所要求的水平，要求教育机构对三、六、九、十二年级进行统一评估。 　　课程评价原则：1. 对学习结果进行评估。小学阶段，学生上课时间不能少于规定总时间的80%；按照课程等级指标对学生进行评估，学生必须达到教育机构所规定的标准；学生必须达到教育机构在阅读、思维、写作、理想品德和学习者拓展活动等方面所规定的标准。2. 对学习结果进行分级。小学阶段，阅读、写作、思维和理想品德的评估层次包括优秀、及格和不及格；学生拓展活动的评估层次包括及格和不及格。3. 对学习结果进行报告。学习结果报告是家校沟通的方法之一。4. 毕业标准。小学毕业标准应按照基础教育核心课程所规定的标准执行。

2. 两国评价建议的共性

（1）评价方式多样化

两国课程评价均采用形成性评价和终结性评价相结合的方式。中国英语

---

① 中华人民共和国教育部《义务教育英语课程标准（2011年版）》，北京：北京师范大学出版社，2012年。

② 泰国教育部《2008年基础教育核心课程》，曼谷：泰国农业合作社社区有限公司印刷场，2008年。

课程标准在评价建议部分提到，形成性评价是学生和教师共同参与和实施的评价活动，教师应积极指导学生评价自己的学习行为和学习结果，使学生通过参与展现自己学习进步的各种评价活动，获得成就感，增强自信心，有效调控自己的学习过程。而终结性评价是在一个学习阶段结束时对学生学习结果的评价，主要检测学生综合语言运用能力的发展程度，小学阶段终结性评价要考虑到小学生的认知特点，选择恰当的形式和内容，做到简明实用。

泰国的小学课程评价标准中不仅提到了终结性评价（泰国称全国性检测）对教学的作用——如为了检测学生是否达到国家规定水平，要求教育机构对三年级和六年级的学生进行统一评估考试，而且重视形成性评价（泰国称班级评价）对教学的作用，比如在教学过程中，教师应利用多种评估手段（如问问题，观察，检查作业、任务、档案和考试等）对学生的学习进行定期或连续监测与评估。

两国评价建议均符合各自国情。课程改革十年来，中国在评价方面的改革虽然取得很大进步，但目前仍存在许多问题。评价维度比较单一，对形成性评价认识不足，盲目和习惯性使用终结性评价，把终结性评价简单等同于考试，用单一考试形式替代多样化、过程性、表现性评价，"以考代评"现象明显。总体而言，评价改革与英语课程改革其他方面相比显得缓慢、表面和艰难，改革任务还很重。[1]因此，《课标（2011）》加大了对评价和测试问题的关注。泰国课程评价旨在促进学生各方面能力的发展。外语教学目标应用性较强，尤其关注英语在其他学科以及社区、社会的运用，多样化的运用需求客观上需要对学生的英语学习结果进行多样化评价。再者，社会运用语境与外部环境比较丰富，难以通过几张试卷进行测评。因此，泰国对多元化、形成性评估比较关注。

(2) 重视评价与教学的关系

---

①陈琳、王蔷、程晓堂《义务教育英语课程标准（2011年版）解读》，北京师范大学出版社，2012年，第96—98页。

教学和评价都是英语课程实施过程的重要组成部分。教学是培养学生实际语言运用能力的关键，评价是及时监控教学过程和教学效果的重要手段。中国课程标准在评价建议中指出评价要服务教学、反馈教学、促进教学，要坚持以考察语言运用能力为主的命题指导思想。[1]换言之，考或评都是为了教和学，评价服务于教学。与此相似，泰国课程评价标准指出班级评价的目标是检测学生在教学活动中发展与进步的程度，评价可以为教师改进教学提供必要数据；学校评价是为政策、课程和教师教学方法的改进提供数据和信息，评价的结果也为教育机构制定教育质量发展计划提供依据；全国性检测的评价结果可以提供教育质量不同层次水平的数据，为提高教育质量和国家性教育政策的制定提供参考依据。[2]简言之，教学评估有助于采用恰当的教学方法、制定合理的教育质量发展计划和国家教育政策。

以评促教是针对两国小学阶段英语教学现状提出的。不管在中国还是泰国，一些小学英语课堂上仍采用简单、生硬、低效的应试方法进行教学。究其原因，一些地区依然依据书面测试成绩来评判学生学业成绩质量，并以此为依据对学生、教师和学校进行排名。评价不科学，教学难以做到科学。中泰两国都认识到教学和评价是完整教学体系的重要组成部分，两者关系密切。要改变教学，必须改变评价。

(3) 依据课程目标制定评价内容

中国《课标（2011）》关于综合语言能力五个方面的表述是全面、科学的。中国课程标准在评价建议中明确指出，教师要综合考虑课程标准中所规定的语言技能、语言知识、情感态度、学习策略和文化知识等五个方面的要求及特点，根据学生实际情况确定评价标准，选择评价内容，采用恰当的形式。泰国《核心课程（2008）》中的课程评价标准中提出的地方评价和全国性检测评价对学生学业质量的评估，都是以泰国基础教育核心课程的目标标准为基础的。泰国课程标准指出课程目标是推动整个教育系统发展的重要动机，其中包括课程评价。课程评价，无论是内部评价还是外部评价、全国性评价还是区域性评价，均以课程目标为导向。

中泰两国都重视依据课程目标来制定评价的内容和标准。首先，需要将课程目标转换为监测和评价指标。课程目标是经过课程学习以后达到的预期结果。课程目标，尤其细分目标，往往具有行为特征，具有可观察、可测量的特点。这有助于以目标为参照制定评价标准，进而制定语言能力评估量表。其次，有些地区仍然按传统方式进行教学检测、评估和评价，采用的方法和标准与课程目标不一致，导致教学理念、教学内容和教学方法与评价不协调，进而导致教师无所适从。因此，依据课程目标制定评价内容和标准有助于协调课程实施和具体教学。

3. 两国评价建议的差异

(1) 中国更加重视学生的评价主体地位

中国的课程标准中指出学生既是学习主体也是评价主体。[①]长期以来，学生在中国小学中属于"被评价状态"。评价的设计者和实施者处于设计、实施和管理评价的地位。针对这一问题，中国课程标准明确提出学生是评价活动的积极参与者和主动合作者。学生应当在教师指导下根据评价标准，采用适当的评价方法和评价工具发现和分析学习中的具体问题，主动反思和调控自己的学习，认识自我，树立自信，不断明确自己的努力方向。相比之下，泰国课程标准中没有特别突出学生的主体地位。其评价主体分别为班级、学校、地方和全国性机构。尽管如此，泰国课程标准在评价建议中指出所有评价的最终目的都是为了促进学生的发展。

---

①中华人民共和国教育部《义务教育英语课程标准（2011年版）》，北京：北京师范大学出版社，2012年。

(2) 泰国评价主体更加多元

当代课程评价发展的趋势之一是多元评价，不仅采用多元评价方式，而且采用多元评价主体。中国课程标准对此有所体现，特别强调发挥学生的评价主体作用。相比之下，泰国的评价主体更加多元，其课程标准对评价主体进行了专门阐述，将其分为四个层次，即由教师执行的班级评价、由教育机构执行的学校评价、由教育区执行的地方评价和由国家主导的全国性测试。多元化评价主体已被广泛运用于外语学科，成为评价学校外语教学质量和学生外语水平的重要策略。目前，泰国的外语课程评价参与者非常广泛，除传统评价者外，社区、家长、同龄人等都是参与者。评价具有主体性，评价主体往往根据自身价值取向和要求对客体进行评估。评价主体单一容易使评价存在片面性，多元评价主体可以相互补充，相互印证，使评价更加平衡、更加全面、更加客观地反映学生的发展。

(三) 两国课程资源开发与利用建议的比较

广义的课程资源指有利于学生学习和教师教学的任何材料和物质条件，合理开发、积极利用和有效管理各种课程资源是有效实施英语课程的重要保证，也是提高教学质量的重要基础。英语教学的特点之一是要使学生尽可能从不同渠道，以不同形式接触、学习和使用英语，亲身感受和直接体验英语对提高英语教学的效果至关重要。因此，中泰两国在小学英语教学中都注重课程资源的开发和利用（见表6-13）。

英语在中泰两国均属于外语，学生接触英语的机会主要存在于学校之内。然而，英语作为一门语言，其学习需要大量接触真实语境，从中体会语言的真实使用，这需要为学生拓宽英语教学资源。学生不仅要向教师和书本学习，而且要从更多渠道进行学习。近年来，网络技术高速发展，这为外语学习提供了丰富的资源。鉴于上述情况，中泰两国课程标准都比较注重开发和利用多元课程资源。中国课程资源包括英语教材以及有利于发展学生综合语言运用能力的其他教学材料、支持系统和教学环境等，其中包括人力资源，如学

表6–13　中泰两国小学英语课程资源开发与利用建议内容标准对照表

中国课程资源开发与利用建议的具体内容[1]	泰国课程媒介的具体内容[2]
1. 开发与利用教材资源； 2. 开发与利用学校资源； 3. 开发与利用网络资源； 4. 开发与利用学生资源。	1. 在学校和社区中，提供学习资源、学习资源中心、课程信息系统和高效的课程学习网络，以便教育机构、当地部门和社区进行学习研究和交换课程经验；2. 为学习者的学习和研究提供额外课程资源，充分利用当地可利用的资源作为课程资源；3. 选择和使用高质量的课程资源，合适、多样化的课程资源与学习方法以及学科内容本质应当与学生个体差异性相一致；4. 评估课程资源的质量；5. 研究、探索和实施适合学习者学习过程的课程资源；6. 定期地和连续地对课程资源的效率和应用进行指导、监督和评估。

生资源、教师资源和家长资源。泰国课程资源同样丰富，主要包括自然资源、社会资源、纸质资源、技术资源，等等。

两国课程标准在重视开发利用丰富课程资源的同时也存在一定差异。中国课程标准比较关注利用教材和学生资源。谈及课程资源，人们往往关注外来资源，容易忽略教材和学生等内在资源。教材是课程内容的载体，是教和学的最直接对象。因此，利用课程资源首先要利用教材资源。课程和教学的最终目的是学生的发展，唯有学生积极参与的课程和教学才有效，所以学生资源同样重要。

与中国课程标准关注教材、学生等学校资源相比，泰国则比较重视开发社会资源。泰国尤其重视学校与社区之间的联系，在此基础上充分利用和开发社区资源。泰国课程标准就明确提出注重语言学习与社区之间的关系。利用社区资源有助于为英语学习和运用创造真实情景，让学生接触英语、体验英语，由此形成真正的英语运用能力。此外，泰国课程标准比较关注课程资

---

①中华人民共和国教育部《义务教育英语课程标准（2011年版）》，北京：北京师范大学出版社，2012年。

②泰国教育部《2008年基础教育核心课程》，曼谷：泰国农业合作社社区有限公司印刷场，2008年。

源的评估。当今社会不缺少学习资源，缺少的是对资源的有效利用。泰国课程标准强调教学资源应当符合个体差异，符合学习过程，做到既有效果也有效率。对课程资源的评估监督是泰国课程资源的特色所在。

六、泰国小学英语课程标准对中国的启示

泰国和中国在社会制度、历史、宗教及观念等方面存在较大差异，但其地理位置、经济环境也有相似之处。此外，中泰两国外语课程改革几乎同时进行，通过对两国课程标准进行分析比较，我们可以更好地理解、认识中国《课标（2011）》。与此同时，泰国的一些外语教育理念和经验也可以作为我国英语教学改革的参考。

（一）课程标准的制定应当具有灵活性

课程标准旨在为教学提供质量标准，而不对教学做出具体规定。因此，课程标准的制定应当为课程实施留下足够空间。与教学大纲相比，课程标准在一定程度上意味着权力下放。泰国《核心课程（2008）》明确指出课程要有利于权力下放，以符合实际情况和当地需求。[①]在这一点上，泰国课程标准值得我们借鉴。其标准提纲挈领、简明扼要，从宏观上引导各教育区、各教育机构、各学校的外语教学，同时充分考虑各地实际情况。各地区、各学校在符合国家课程标准总体要求的条件下，可以根据学生情况和自身条件灵活处理。

相对来说，中国《课标（2011）》的表述依然过细，实际操作难度较大，课程标准对区域、学校、学生之间的差异考虑不够，标准所制定的各级教学目标相对确定，但是不同地域、不同学校、不同文化背景的学生，难以达到统一的预定目标。例如，我国中西部地区由于教学条件和教学设施的缺陷，要达到小学英语课程标准中的各学段目标存在困难。总体而言，我国英语课程标准表述过于细致，建议过于周密。这样的细化给学生和教师留下的发展

[①]泰国教育部《2008年基础教育核心课程》，曼谷：泰国农业合作社社区有限公司印刷场，2008年。

和创造空间较小，不利于学校形成特色课程和特色文化，不利于学生和学校的差异化发展。我国可以参照泰国经验适当将课程权力下放，以省份或地区为单位，以《课标（2011）》为参照基础，自行创设适合该省份和地区的小学英语课程标准。区域性课程标准既可以体现地区外语教育特色，也可以使各地区相互竞争、相互学习，从而推动中国小学英语教育的发展。例如，我国上海市就有自己的小学英语课程标准——《上海市中小学英语课程标准（征求意见稿）》。①该市经济情况和教育情况在国内首屈一指，以《课标（2011）》为参照，制定自己的课程标准有利于充分发挥英语课程的作用，最大程度促进学生综合英语应用能力的发展。

（二）课程标准的制定应当注重语言的课堂外应用

泰国《核心课程（2008）》倡导建立外语学习与社区、世界的联系，鼓励学生在校外社区等社会场合使用英语，将英语作为进一步学习、工作及与世界交流的基本工具。通过在课堂外的真实环境中使用英语，学生可以进一步提高目标语言技能，加深文化理解，获得外语学习动力，真正实现外语的工具价值。相比较而言，中国《课标（2011）》对课堂英语教学提出了明确、清晰的建议，但是对英语在校外的应用重视不够。校内的语言环境属于模拟环境，而校外社区等环境属于真实环境。缺乏真实环境的语言体验，学生往往缺乏外语学习的动力，也难以获得真正意义上的综合英语应用能力。诚然，学生可以通过网络运用英语，但是仅此还不够。我国课程标准不妨参照泰国经验建立学校与社区等校外环境的联系，鼓励学生参与社区相关活动，通过与外国人交流或者参观外企活动等激发英语学习的兴趣，实现语言的迁移运用。

（三）课程标准的制定应当加强英语与其他学科的联系

与我国英语教育不同，泰国《核心课程（2008）》充分体现了外语学习与其他学习领域的连贯。泰国在其基础教育核心课程标准中强调外语对其他科

---

① 蒋大丽《沪港小学英语课程标准比较研究》，上海师范大学硕士学位论文，2010年。

目的作用，即学生可以用外语阅读、讨论或分析从其他学科中学到的技能，从而扩展获取知识的渠道，与其他科目之间的互动反过来可以促进英语学习。反观我国，英语仅仅是一门独立的学科。中国《课标（2011）》中几乎没有英语课程与其他科目之间联系或相互作用的内容。外语课程的首要价值在于工具性，即外语是在自然科学、社会科学、人文科学领域获取和表达信息的工具。从这个意识上讲，我国课程标准应适当加强英语与其他学科的联系，即展开CBI教学（以学科内容为基础的教学）。研究表明，CBI教学既有利于学生开阔视野，增强学习热情，也有利于外语学习的发展和语言应用能力的提高。

第七章 中国与日本小学英语课程标准比较研究

一、中日小学英语课程发展历程

(一) 中国小学英语课程发展

1840年鸦片战争后不久，西方传教士出于传教需要开始将英语教学引入中国。与此同时，随着洋务运动的发展，以京师同文馆为代表的洋务学堂也开始兴办外语（尤其是英语）教学。其间，英语或作为独立学科，或作为数学等学科教学语言（在部分小学高年级阶段），以不同形式出现于小学中。总体而言，沿海发达地区小学和教会小学的英语教学水平较高，内陆地区非教会小学的英语教学水平较低。中国早期小学英语教学的发展历经晚清、民国至新中国成立初期，小学英语基本处于零星随意开设的状态。1978年改革开放以来，小学英语教学进入快速发展轨道，并取得了令人瞩目的成绩。这一时期小学英语教学呈现三大特点：其一，统一对开设小学英语课程的认识；其二，强调培养语言交际能力；其三，从借鉴逐步过渡到创新。然而，该时期由于小学英语教学大纲尚未制定，小学英语教学缺乏有效的宏观指导，各地小学英语发展不平衡，教学目标不一致，课时分配不尽相同，师资水平参差不齐，教学评估手段不到位。此外，中小学英语教学衔接存在重复劳动、资源浪费等问题。

进入21世纪后，我国开始了新一轮基础教育课程改革，开设小学英语成为目标之一。2001 年相关文件明确规定英语从小学三年级开始设置。与此同时，教育部于2001年1月颁发的《小学英语课程基本要求 (试行)》对小学英语课程设置、课程目的、教学模式等提出明确要求，为小学英语课程实施、教学评价、教材审查和选用提供了必要依据。依据这一课程标准，三年级开始进行英语教学，四年级末达到一级要求，六年级达到二级要求。

(二) 日本小学英语课程发展

日本小学英语教育开始于明治时期。后来由于种种原因除少数私立小学外，公立小学先后废除了英语教育。1991年文部科学省初等、中等 (小学、中学) 教局长的咨询机关"关于改善外语教育的调查研究合作者会议"确定把"探讨外语教育的开始时期"作为课题之一，由此重新开始对小学英语教育的讨论和研究。同年12月，咨询报告建议在小学推进英语会话等外语活动。1998 年，文部科学省公布的新 《小学校学习指导要领》中增设了"综合学习时间"项目，并将"外语会话"作为国际理解教育的一部分纳入项目。 从2003 年开始，新《小学校学习指导要领》全面付诸实施，英语教育作为国际理解教育的一环陆续走进日本公立小学课堂。文部科学省于2008 年 3 月公布了新的《小学校学习指导要领》，要求从 2011 年起在小学五、六年级设置英语活动课程并将其作为必修课，要求年课时数达到35 学时，至此正式确立了英语教育在小学课程中的地位。

二、中日小学英语课程标准设置背景

(一) 中国小学英语课程标准设置背景

我国基础教育在历经七次课程改革之后已经取得较大成就，为了进一步提升我国基础教育阶段的英语教育水平，教育部于2001年颁布了《全日制义务教育普通高级中学英语课程标准 (实验稿)》。尽管如此，我国小学英语教育模式仍然以学科、书本、教师为中心，学生死记硬背，教师强行灌输。小学英语教学重知识，不重技能，更不重视培养英语学习的热情，这与我国提倡的素质教育相违背。此外，小学英语课程内容"难、繁、偏、旧"、课程结构单一、课程评价重选拔而不重发展，凡此种种弊端，需要对小学英语课程标准进行修订。经过十多年实验、反思和调整，我国教育部于2011年3月基本完成了义务教育阶段英语课程标准的修订任务。

（二）日本小学英语课程标准设置背景

学习英语旨在交际，然而，日本学生往往学习英语多年却难以开口，究其原因，日本英语教育长期以来受制于应试教学，重读写、轻听说，教学方法依然采用传统的语法翻译法。为扭转这一现状，日本相关部门曾经组织"推进英语教育改革恳谈会"，并于2001和2003年分别推出《培养"能使用英语的日本人"的战略构想》和《培养"能使用英语的日本人"行动计划》。由此可见日本政府提高学生英语交际能力的决心。与此相应，日本开始在小学综合学习课程中安排英语教学。尽管如此，小学英语教育依然存在诸多问题。例如，"本土化"英语发音浓重，英语课时数偏低，英语教师水平不高以及英语必修课地位存在质疑等。然而，家长们普遍认为低龄儿童容易习得外语，所以对小学英语寄予厚望。基于上述原因，日本在1998年公布小学英语课程标准，并在十年之后于2008年重新出台新的小学英语课程标准。

三、课程标准框架比较

小学英语课程标准的基本框架所呈现的是小学英语课程基本要素及其相互关系，是课程结构最明显的外部特征，集中体现了课程的基本设计思路、课程内容的展现形式及程度。分析与比较中日两国现行小学英语课程标准的基本框架，有利于我们从整体上对两国小学英语课程的把握。

（一）中国课程标准框架

中国义务教育英语课程标准是由以下几个部分组成的：

第一部分，前言。介绍了课程性质、课程基本理念、课程设计思路三部分内容。课程性质介绍了英语课程的工具性和人文性双重性质。课程基本理念介绍了课程设置的总体思想。课程设计思路介绍了课标设计中强调和注重的问题。

第二部分，课程目标。介绍了总目标和分级目标两部分内容。总目标是对学生义务教育阶段英语学习提出的一个总要求，而分级目标则将整个义务教育分为五个级别，并说明学生需要达到的各级别目标。

第三部分，分级标准。围绕语言技能、语言知识、情感态度、学习策略、文化意识五部分内容对各级别预期学习目标做出详细规定。

第四部分，实施建议。介绍了教学建议、评价建议、课程资源开发与利用和教材编写建议四个方面内容，为教材编写人员和教学人员留出了操作空间。

第五部分，附录。包括语音项目表、语法项目表、词汇表、功能意念项目表、话题项目表、课堂教学实例、评价方法与案例、技能教学参考建议、课堂用语九个部分。规定了各学习阶段的基本素材、呈现形式、语言知识和词汇表等。

（二）日本课程标准框架

第一部分，日本小学"英语活动"的总体教学目标。通过以发音为中心的各种活动，加深儿童对语言和文化的体验性理解，使他们习惯并亲近外语，从而培养儿童积极交流的意识和态度。①具体来说，"英语活动"的目标由以下三个部分组成，即通过英语，加强对语言和文化的体验理解；通过英语，培养学生形成积极交流的意识和态度，为培养交流能力打下基础；通过英语，习惯和亲近英语的语音和基本表达方式。

第二部分，内容（五年级和六年级），由"交流"和"语言与文化"两个方面组成。一方面，体验用英语愉快交流；另一方面，通过体验理解日本和外国的语言与文化。

第三部分，教案设计和处理内容。包括大纲设计注意事项和五、六年级注意事项。

---

①文部科学省 http://www.mext.go.jp/a_menu/shotou/shotou/gaikokugo/index.htm.

（三）两国课程标准框架的比较

1. 两国课程框架的相同点

从表面上看，日本小学英语活动课程标准的文本容量远远不及中国小学英语课程标准，日本课程标准经翻译只有一千余字，而中国课程标准长达两万余字，但是两国课程标准框架基本一致，就实质而言均包括课程目标、课程内容和课程实施等核心内容。

2. 两国课程框架的差异

首先，两国课程标准精细度不同。日本的课程标准仅仅由课程目标、课程内容、课程实施建议三部分组成，相关阐述比较概括。中国课程标准则由前言、课程目标、分级标准、实施建议和附录五部分组成，各部分均设有子标题，表述细致明确。两国课程标准的篇幅在一定程度上可以反映其精细度差异。

其次，两国课程要求不同。中国小学英语教育从三年级开始，课程标准将小学英语教学分为两个级别或学段：三、四年级为一级，五、六年级为二级。与此同时，课程标准针对不同级别围绕语言技能等课程内容提出明确要求。相比之下，日本课程标准要求较低。日本从小学五年级到六年级才将英语作为必修课。新修订的《小学校学习指导要领》没有具体规定各年级外语活动的具体内容。

第三，两国课程内容不同。中国课程标准将课程内容划分为语言技能、语言知识、情感态度、学习策略和文化意识五部分，并就每个部分展开分级标准描述，分类清晰，层次分明。相比之下，日本课程标准对于内容的描述则略显模糊。按照其课程标准，课程内容包括语言、文化、愉快交流三部分。其中，语言并未细分为语言知识和语言技能，愉快交流既包括语言技能也包括情感态度。此外，日本课程标准并未包括学习策略。

第四，两国课程实施建议精细度不同。中国课程实施建议包括教学建议、评价建议、教材编写建议和课程资源与利用建议。反观日本，其课程标准中的教案设计和处理内容与中国的教学、教材编写和课程资源利用建议相对应，但是日本课程实施建议的表述比较模糊，缺乏可操作性。再者，日本课程标准并未包括评价建议，而课程评价是课程实施的重要环节和保证。

四、课程目标比较

(一) 中国小学英语课程目标

中国的英语课程目标分为总目标和分级目标。义务教育阶段英语课程的总目标是通过英语学习使学生形成初步的综合语言运用能力，促进心智发展，提高综合人文素养。基础教育阶段英语课程目标的各个级别均从语言技能、语言知识、情感态度、学习策略和文化意识五个方面进行表述。三、四年级应完成一级目标，五、六年级完成二级目标（见表7-1）。

表7-1　中国小学英语课程标准分级目标[①]

一级目标	1. 对英语有好奇心，喜欢听他人说英语。 2. 能根据教师的简单指令做动作、做游戏、做事情（如涂颜色、连线）。能做简单的角色表演。能唱简单的英文歌曲，说简单的英语歌谣。能在图片的帮助下听懂和读懂简单的小故事。能交流简单的个人信息，表达简单的感觉和情感。能模仿范例书写词句。 3. 在学习中乐于模仿，敢于表达，对英语具有一定的感知能力。 4. 对学习中接触的外国文化习俗感兴趣。
二级目标	1. 对继续学习英语有兴趣。 2. 能用简单的英语互致问候，交换有关个人、家庭和朋友的简单信息，并能就日常生活话题作简短叙述。能在图片的帮助下听懂、读懂并讲述简单的故事，能在教师的帮助下表演小故事和小短剧，演唱简单的英语歌曲和歌谣。能根据图片、词语或例句的提示写出简短的描述。 3. 在学习中乐于参与、积极合作、主动请教，初步形成对英语的感知能力和良好的学习习惯。 4. 乐于了解外国文化和习俗。

(二) 日本小学英语课程目标

日本小学英语课程标准的总体目标是通过外语培养学生的交际能力，与此同时通过各种经历培养学生对语言和文化的理解，培养其对交际的积极态度，并让学生熟悉外语基本的声音和表达。在总目标以外，日本课程标准就

---

①中华人民共和国教育部《义务教育英语课程标准（2011年版）》，北京，北京师范大学出版社，2012年。

五、六年级目标表述如下：（1）通过英语教学加强学生对语言和文化的体验理解；（2）通过英语教学培养学生形成积极交流的意识和态度，为培养交流能力打下基础；（3）通过英语教学使学生习惯和亲近英语的语音和表达方式。

（三）两国课程目标的比较

1.两国课程目标的相似点

英语在中日两国地位相同，在这两个国家，英语既非官方语言，也非第二语言，而是外语。外语属性相同，这使两国小学英语课程标准存在相似之处。针对基础教育阶段学生的心理特点，中日两国都把培养学生英语学习兴趣放在首要位置。与此同时，两国都重视培养学生的英语应用和交际能力。此外，中日课程标准都希望借助英语学习的机会让学生了解外国习俗和文化，开阔眼界，丰富知识体系。

2.两国课程目标的不同点

首先，分级不同。中国课程标准将目标分为两级：总目标和分级目标（小学阶段包括一级和二级目标）。日本小学英语课程标准相对简单，仅有总目标，而无分级目标，其课程标准之所以没有分级目标是因为日本在小学五、六年级才将英语作为必修课。

其次，目标内涵不同。中国课程标准总目标包含三个成分：语言应用能力、心智发展水平和综合人文素养。日本课程总目标的内涵则相对单一，交际能力、语言文化和外语语音在很大程度上均属于语言应用范畴。

第三，日本课程标准格外重视语音目标。诚然，儿童对声音和韵律比较敏感。从小培养儿童对外语语音的感觉有助于其习得正确语音。然而，众所周知，日本人通常具有浓重的本土发音，加之其片假名多为对英语语音的模仿，这使日本人学习英语语音存在一定难度。正因为如此，日本课程标准比较重视语音目标。为了保证语音目标的达成，日本常常为学生配备外语指导助手，通过与外国助教的交流，学生易于避免本土发音，形成正确的英语语音。

第四，日本课程目标比较注重培养学生对语言文化的兴趣。诚然，中国课程标准也有对文化的表述，但是日本课程标准对跨文化意识和能力更加重视。这一点从日本对小学英语课程的安排可见一斑。日本小学将"外语会话"作为国际理解教育的一部分，其目的显而易见。日本小学的英语课旨在促进学生的国际理解和交流能力。通过学习英语，通过与外语指导助手等外国人士的交流，学生易于形成积极沟通的态度，增进国际理解。

五、课程内容比较

任何形态的课程都具有其特定内容。课程内容是构成课程的基本要素，是课程的内在要素。不同的课程观就会有不同的课程内容选择和组织方式。课程内容反映了不同的课程价值观、课程设计观和课程结构观。由于课程内容在课程内在结构中具有重要的意义，所以深入研究中日两国小学现行的英语课程内容具有重要价值。

（一）中国小学英语课程基本内容

表7-2　中国小学英语课程内容

类别	内容描述
语言技能	一级目标：听做、说唱、玩演、读写、视听； 二级目标：听、说、读、写、玩演视听。
语言知识	二级目标：语音、词汇、语法、功能、话题。
情感态度	二级目标：1. 有兴趣听英语、说英语、背歌谣、唱歌曲、讲故事、做游戏等； 2. 乐于模仿，敢于开口，积极参与，主动请教。
学习策略	二级目标：积极合作、主动请教、制定计划、主动复习、课外阅读等。
文化知识	二级目标：知道简单称谓语和问候语，对赞扬和请求等做出适当反应，知道英语国家的主要文体活动和节假日等。

中国小学英语课程内容包括五个方面：语言技能、语言知识、情感态度、学习策略、文化意识。其中语言技能主要包括小学一级学段和二级学段的听、说、读、写等；语言知识包括二级学段的语音、词汇、语法、功能和话题；情感态度主要是二级学段的学生所要达到的情感态度标准；学习策略列举了二级学段的小学生在学习英语过程中应该掌握的一些基本学习策略；文化意

识是对二级学段小学生要达到的文化意识方面的规定。相关详细内容可以参看《义务教育英语课程标准（2011年版）》。

（二）日本小学英语课程基本内容 (五年级和六年级)

日本课程标准并未像中国课程标准那样条分缕析地列出五大课程内容及各自的具体内容，而是散见于课程目标等条目中。仔细分析五、六年级三项目标可以发现日本课程内容应当包括语言（包括语音）、文化、情感和交际（技能）。这些内容在教学注意事项中同样有所体现 (见表7-3)。

表7-3 日本小学英语课程内容

类别	注意事项
教学应注意下列事项,以帮助学生积极参与外语交流	1.体验外语沟通的快乐；
	2.积极听和讲外语；
	3.学习语言交流的重要性。
指令应注意下列事项以深化对日本以及国外语言和文化的经验性理解	1. 熟悉外语的声音与节奏，学习与日语之间的差异，并了解语言有趣的方面以及丰富性；
	2.学习日本与外国在生活方式、风俗习惯之间的不同点并了解各种观点的思维方式；
	3.通过跨文化交流加深对文化的理解。

（三）两国课程内容的比较

1. 两国课程内容的共性

首先，中日课程内容的选择颇多相似。日本课程内容虽未像中国课程那样区分语言技能等五种内容，但是除学习策略之外，其他四种内容均有所体现。

其次，两国课程内容均重视培养学生的英语学习兴趣。中国课程一、二级内容对情感态度均有明确表述。例如，二级目标为：1. 有兴趣听英语、说英语、背歌谣、唱歌曲、讲故事、做游戏等；2. 乐于模仿，敢于开口，积极参与，主动请教。[1]主张学生快乐学习英语，旨在提高学生对语言的感受能

---

①中华人民共和国教育部《义务教育英语课程标准（2011年版）》，北京，北京师范大学出版社，2012年。

力，并初步发展学生的听、说能力。与此相似，日本课程标准同样关注情感。其目标表述为：注重使学生体验外语沟通的快乐；积极听和讲外语。情感态度是学习的动力，是学生克服困难的润滑剂。英语在中日两国均属于外语，处此环境中，学生学习尤其需要积极的情感态度。

2. 两国课程内容的差异

第一，中国课程内容关注学习策略。中国近年来课程改革的倾向之一就是既关注结果，也关注过程。关注过程就需要关注学习策略，以培养学生自主学习和终身学习的能力。相比之下，日本课程标准更加关注结果，所以其课程内容并未将学习策略纳入其中。

第二，中国课程内容层次性更强。日本课程内容散见于课程目标和注意事项中，并未像中国课程标准那样将课程内容分门别类、条分缕析地进行表述。中国课程标准不仅划分了语言技能、语言知识、情感态度、学习策略和文化意识五大内容，而且其组织既符合学科逻辑顺序，也符合儿童心理顺序。例如，我国课程内容一级仅有语言技能，没有语言知识，二级才增加语言知识，这符合英语学科内在的逻辑顺序。与此同时，一级目标为：听做、说唱、玩演、读写、视听；二级目标则将听、说、读、写分别单列，并将玩演、视听合并，体现了儿童心理增长的特点。与中国课程内容的清晰条理相比，日本课程内容则略显模糊。课程内容是教学内容的基础，课程内容不明，教学难以做到有的放矢。究其原因，中国将英语作为一门重要的独立课程开设，所以对课程内容有明确表述。相比之下，日本将英语课程称为活动课，纳入综合学习之中，活动成分多，教学成分少，无需对课程内容进行明确界定。这或许是中日课程内容层次差异背后的原因。

第三，日本课程内容更加注重兴趣培养。诚然，中国课程标准将情感态度作为课程内容之一，并进行相关分级标准描述。然而，日本课程标准将情感态度列在首位，并贯穿始终。这一点从小学英语在日本的命名可见一斑。2008年《小学校学习指导要领》规定从2011年起"英语活动"成为小学五、六年级必修内容，小学英语学习被定名为"英语活动"，即让儿童通过活动、体验的方式学习英语，而不像语文、数学等作为一门正规科目进行教学。与此同时，英语学习没有考试测评等压力，活动而非学习，这充分体现了日本课程标准对儿童兴趣的尊重。

六、课程实施建议比较

课程实施是课程理念、课程目标与课程内容得以落实的关键环节。中国课程实施建议比较全面，具体包括：义务教育阶段的英语课程力求面向全体学生，为学生在接下来发展综合语言运用能力方面打下坚实基础，同时促进全体学生人文素养的提高。教师要根据学生的发展情况，根据课程目标，整体规划各个阶段的教学任务，有效整合教学资源，优化课堂教学，培养学生的自主学习能力，为学生的可持续发展奠定基础。日本课程实施建议不像中国那样涵盖广泛，而是聚焦于教学建议。有鉴于此，以下仅仅对两国教学建议部分进行比较分析。

（一）中国小学英语教学建议

我国的小学英语教学建议一共有八条，具体如表7-4所示：

表7-4 中国小学英语课程标准教学建议内容

中国小学英语课程标准教学建议	1. 面向全体学生，为学生全面发展和终身发展奠定基础；
	2. 注重语言实践，培养学生的语言运用能力；
	3. 加强学习策略指导，培养学生自主学习能力；
	4. 培养学生的跨文化交际意识，发展跨文化交际能力；
	5. 结合实际教学需要，创造性地使用教材；
	6. 合理利用各种教学资源，提高学生的学习效率；
	7. 组织生动活泼的课外活动，拓展学生的学习渠道；
	8. 不断提高专业水平，努力适应课程的要求。

中国课程教学建议涵盖广泛，既包括语言技能学习，也包括学习策略和文化意识的培养；既包括课堂教学，也包括课外活动；既涉及现有教材，也涉及教学资源开发与利用；既关注学生学习，也关注教师专业发展。上述八条为教学建议纲要，每条建议下提供了具体教学建议。例如，关于如何培养

学生语言运用能力的问题，课程标准建议采用任务型语言教学途径，提高语言交流的真实性，活动内容符合学生经验和认知水平，以及平衡语言知识和语言技能的学习。总之，中国课程教学建议内容广泛，层次分明，表述细致。

（二）日本小学英语教学建议

日本小学英语课程标准教学建议体现为课程标准的教案设计和处理内容方面以及五、六年级的教学注意事项。如表7-5所示：

表7-5 日本小学英语课程标准教学建议内容

在大纲设计中，应考虑事项	1. 原则上英语应选择为外语活动。
	2. 考虑学生和当地社区的情况，每个学校应该以适当的形式与方法为每个年级的学生建立外语活动目标并在两个学年间实现。
	3. 在此过程中，教师应该努力让学生切身理解语言与文化，避免详细解释或者让学生死记硬背。
	4. 教学内容和活动应符合学生的兴趣。应尽一切努力提高教学的有效性。例如，利用其他科目进行教学，如日语、音乐和艺术手工艺品。
	5. 外语教师应该确保教学计划和课程的开展。应该根据当地情况，邀请英语母语人士或英语水平较高者合作教学。
	6. 在处理声音方面，教师应积极运用视听材料，如CD和DVD。视听材料应根据学生、学校和当地社区的实际情况选用。
	7. 基于列在第一章"总则"的I和II部分和第三章的"道德教育"的德育目标，对第三章第二节"道德教育"列举的教学内容应该适当给予关注。教学应按照外国语言活动的特点并应与道德教育相符合。
两个学年（五、六年级）期间的指令应考虑以下几点	1. 当给学生机会进行外语体验时，教师应该考虑到学生的发展阶段并建立熟悉的语言环境，选择合适的短语。
	2. 当给学生机会进行外语体验时，教师应该关注外语语音和使用的字母和单词,作为补充口头交流的工具时，努力不给学生太多负担。
	3. 非语言沟通也是一个重要的沟通手段，教师应帮助学生了解手势等功能。
	4. 教师应当通过外语活动让学生加深对外语和文化的理解。
	5. 当给学生机会进行外语体验时，教师应创造交流情境。

(三) 两国小学英语教学建议的比较

1. 两国教学建议的相同点

(1) 重视语言运用能力

长期以来，中日两国英语教学的一大顽疾就是重死记硬背、轻活学活用，结果两国都存在比较严重的"哑巴英语"现象。针对这一问题，两国教学建议都比较重视学生语言运用能力的培养。例如，中国课程标准不但明确提出要注重实践和语言运用能力，而且旗帜鲜明地建议采用任务型教学法。该方法旨在让学生在活动中习得语言。日本课程标准则干脆将英语教学称为英语活动，提出避免过多讲解和死记硬背，加强学生对语言的切身体验。两国建议显然均以语言运用能力为导向。

(2) 重视跨文化交际意识和能力

语言和文化密切相关，这要求教师认真处理好两者的关系，努力使学生在英语学习过程中了解外国文化，理解本国文化，在此基础上形成跨文化交际能力。中国课程标准在教学建议中要求教师为学生创设英语交际情境，引导学生在英语学习中了解文化因素以及中外文化存在的异同，逐渐养成跨文化交际能力。日本课程标准则要求教师引导学生切实理解语言文化。长期以来，两国小学英语教学均侧重语言知识教学，忽视文化意识培养。学生由此认为学习英语即学习语音、语法和词汇。从上述教学建议看，两国最新的小学英语课程标准开始关注英语学习过程中的文化因素。通过理解外国文化，可以提高学生对本国文化的认识，由此树立正确的价值观。

(3) 重视英语教学资源的利用

中国在课程标准教学建议中要求教学要合理发展与使用四大资源：教材资源、学校资源、网络资源和师生资源。有效利用这四大资源能够拓宽学生的知识面，同时减轻学生学习英语的压力。日本在教学方法的使用上更加灵活，其小学不仅通过多媒体、图片以及实物等来帮助学生理解英语，而且通过ICT（Information and Communication Technology）技术帮助学生在网上与外国小朋友用英语交流，就某一课题进行网络讨论与学习。这种远程学习模式非常适合偏远地区的学校。①英语在中日两国均属于外语，学生在校外接触英语的机会少之又少。然而，英语是一项具有较强实践性、交际性和社会性的技能，仅仅靠课堂上的几十分钟教学远远不够。因此教学资源的有效使用尤为重要。合理运用教学资源可以拓展英语学习渠道，活跃课堂氛围，促进英语技能的形成，激发学生主动学习，最终实现学生的全面发展。

2. 两国教学建议的不同点

(1) 两国教学侧重点不同

由于中国从小学三年级开始将英语作为必修课，加之英语在小升初、中考和高考中均是三门主科之一，因此中国课程标准的教学建议涵盖教学内容、教学途径、教学资源开发利用和教师专业化发展等所有教学环节。教学建议的表述明确而细致，具有较强的可操作性。

相比之下，日本课程的教学建议则体现出更多弹性，其教学建议讲究活动和体验。换言之，如果说英语在中国小学是一门严谨学科的话，在日本小学更多体现为活动体验。与此相应，其教学建议不像中国建议那样全面细致，而是简明扼要，给教学留下较多空间。透过其教学建议可以发现日本课程标准对英语教学的价值定位，其小学英语教学旨在使儿童接触体验外国语言和文化，初步培养运用外语和跨文化交流的积极心态。正因为如此，其教学建议总体而言比较宽松。

(2) 中国比较重视教师专业化发展

教师是课程标准执行的重要主体。根据有关资料显示，我国小学英语教师水平存在明显差异，发达地区与欠发达地区，重点学校和普通学校之间的英语师资水平常常存在较大差距。这将在很大程度上影响课程标准的实现和学生的英语学习。中国课程标准在教学建议的第八条对小学英语教师的专业

① 刘大伟《中日小学英语教育比较与启示》，《英语教师》2010年第5期。

化提出了具体要求：第一，把握本课程标准的理念，研究教学规律，组织教学策略；第二，掌握现代教育技术，灵活运用各种教学技巧和方法；第三，加强中外文化修养，拓宽知识面；第四，不断进行教学行为反思。教师的专业化不仅仅包括教师对学科知识的掌握，还包括教师的基本技能、文化修养和良好的语言能力。积极进行教学反思是一个发展问题、分析问题、解决问题和教师自我成长的过程。

日本课程标准在教学建议中对教师专业化则没有提出明确要求。其原因可能有以下几点：第一，国际化培训机会多。文部科学省制定相关教师培训政策，每年选派教师赴海外进修，因此，日本大多数英语教师具有海外学习经历。第二，教师轮换。根据该项制度，教师通常每隔五年需要轮换到一所新的学校。这有助于分享教学经验，平衡师资力量，同时有助于对工作倦怠期的调整。[①]第三，日本文部科学省斥巨资从国外引进以英语为母语的外籍人士。因此，日本每一所小学基本都拥有外教。外教不仅能够纠正学生的语音问题，而且能够为学生创设真实的语言环境，使其切实体验西方语言文化。

七、 日本小学英语课程标准对中国的启示

（一） 提高活动与情感在我国小学英语课程中的比重

中日两国课程标准的最大不同在于前者学科严谨，后者活动鲜明。中国从小学三年级开始设置英语课，对教学目标、教学内容、教学方法、教材编写以及教学评价具有全面、细致、具体的表述，具有鲜明的学科性。这符合英语作为主科的地位。相比之下，英语在日本小学的学科地位比较轻，学科性质比较淡。诚如上文所述，日本小学到五、六年级才将英语作为必修课，而且其名称为英语活动课，被纳入国际理解综合课中。一为学科，一为活动，看似名称不同，其实存在较大差异。将英语作为学科，对课程和教学各环节进行细致规定，理论上固然有助于小学英语课程的科学实施与发展，但是在

---

①孙扬扬《日本小学英语教育的启示》，《海外英语》2013年第13期。

实际操作上却可能造成超越学生心理年龄的现象。小学生活泼好动，情感易迁，形象思维发达，抽象思维偏弱。所有这些特征表明小学英语教育不宜采用严谨甚至严肃的课堂教学方式，而应当更多地采用活动方式引导学生自然而然、潜移默化地习得语言。在这一点上，日本课程标准可以给我们一定启示。

与活动密切相连的是情感。和大中学生不同，如果不能首先从情感上吸引小学生，英语课程将难以达到预期效果。我国课程标准在教学建议中尽管倡导采用任务型教学模式，但是鉴于小学英语课程学科性质鲜明，教师在实际教学过程中往往强化其学科性，即注重知识的传递教学，淡化其活动性。结果，学生学习英语的热情较低，语言学习效果不理想。反观日本，其英语课程被命名为英语活动，活动理念渗透各课程与教学环节，学生乐于学习。积极的情感态度既有助于学生对语言技能、语言知识和文化意识的学习，也有助于中学和大学的英语学习。

（二）彰显小学英语课程特色

根据日本现行的教学指导纲要规定可知，现阶段日本的英语教育实行的是小、中、大学一贯性教育体制，各阶段之间既有联系，又分工明确、特色鲜明。中学主要进行通用英语教学（English for General Purpose），大学主要进行学术英语教学（English for Academic Purposes），而小学阶段的英语主要是以培养学生兴趣为主。与之相应，小学英语被称为英语活动，活动理念贯彻始终。日本小学旨在让学生在活动中体验英语语言和文化，培养起学习英语、用英语进行交流的兴趣。反观我国，从小学到中学直至大学几乎都进行通用英语教学，教学方法倾向于采用传递教学模式，各阶段缺乏有效定位。与中学生和大学生相比，小学生活泼好动，宜多采用活动教学，少采用传递教学的模式。换言之，中国小学英语课程标准不妨借鉴日本经验加强活动体验，彰显小学英语教学特色。

（三）课程标准的制定要注重英语课程资源的开发和利用

众所周知，教育事业经历了一本书、一块黑板、一支粉笔的漫长历程。但随着多媒体与信息技术的迅速发展，传统的教学资源和教学方式已经无法满足现代信息技术发展的要求。为了迎合这种时代发展的需求，采用新的教学资源和教学方式已经呈现出不可逆转之势。而在我国的小学英语课堂中，部分教师课程开发能力不足，同时为了赶教学进度，节省课堂教学时间，很少向学生提供多样化的小学英语课程资源，例如广播电视英语节目、报纸杂志、网络资源等。学生的课外时间多被课外补习所占据，这对形成学生自主性、开阔学生知识面、培养学生英语学习兴趣以及增强小学生跨文化交流意识无疑形成了一种阻碍。①

日本小学在英语课程资源开发方面的工作更加务实、更加多元，其学校和教师不仅采用CD和DVD以及网络资源进行教学，而且积极利用社区资源，通过学校和社区之间的联系为学生创造英语交际环境。不仅如此，日本小学还通过ICT技术帮助本国学生与外国学生建立联系，促进他们在网上进行交流，凡此种种与其活动理念一脉相承。借鉴日本经验，我国小学应当进一步开发和利用多元化课程资源，提高学生英语学习和交际的积极性，增强其英语学习效果。

(四) 重视学生的英语听说技能

就课程内容主次而言，中国课程标准听、说、读、写并重，技能与知识并重，而日本课程则听说为主、读写次之，技能为主、知识次之。究其根源，中国小学将英语视为独立学科，比较强调英语学科教学内容的完整性，而日本小学将英语作为国际理解下面的课程，活动与体验成分比较重，课程的设计与执行比较注重儿童心理发展特点。儿童天性好动，爱活动，乐体验。日本课程以此为参照，多设计听说，少建议读写，多创造技能体验机会，少推行知识传递教学，更加符合儿童的认知发展规律。相比之下，我国小学英语课程则学科特色明显，成人化倾向较重。与日本相比，我国课程标准对于语言知识依然有较多要求。客观而言，我国英语教学历来重视知识教学，尤其重视语法和读写教学。尽管课程标准对语言技能和情感态度等知识以外的内

①吴斌《信息化在小学英语教学中的渗透》，《科学大众·科学教育》2013年第1期。

容进行了大量表述，但是我国师生由于传统和应试需要在课程执行过程中依然会倾向于知识内容和传递教学。事实正是如此，我国小学英语教学与测试主要关注语法知识和读写能力，对于学生听说能力的教学和测试分量较少。日本小学阶段英语较少书面考试，教师对学生英语的考察往往在学生进行英语活动中通过过程性评价进行。小学阶段是听说能力形成和发展的关键期，应当在课程标准中凸显这一儿童发展特征，进一步彰显听说技能。忽略听说技能不但会削弱儿童学习体验英语的兴趣，而且会导致"哑巴英语"。

（五）加强师资国际化开发利用

中日两国均注重英语师资的开发利用。然而，与中国注重师资自我发展和国内培训为主有所不同，日本比较重视英语师资的国际开发利用。其具体体现有三：其一，注重利用现有国际师资资源。日本许多小学从校外聘请留学生担任外籍教师。外籍教师和日籍英语教师协调配合，发挥各自特长，有助于提高英语教学的针对性和有效性。我国大城市一些小学也从校外聘请外教，但是外教和中教沟通合作很少，课程实施难以达到预期效果。日本的合作教学对我国发挥外教作用具有启发意义。例如，有条件的小学可以充分开发校外资源，主动与当地高校联系，提供必要的劳务费聘请当地高校的外国留学生辅助小学英语教学。为提高留学生积极性，可以采用互帮互助的形式，即小学生给留学生辅导汉语，留学生给小学生辅导英语。留学生与小学生双向互动可以让小学生感受使用英语的乐趣和成就。其二，派遣教师出国。日本每年将一些能力突出的小学英语教师送往欧美等国进行数月至半年的进修。这既有助于提高其英语专业技能，也能拓宽其文化视野，与此同时可以学习国外先进的二语或外语教学经验。我国在这方面比较滞后，尽管如此，近年来我国开始加快师资国际化发展步伐。目前，在教育部的大力支持下，中国国家留学基金管理委员会和国家基础教育实验中心外语教育研究中心联合设立了中小学优秀外语教师出国留学奖学金项目，每年计600万元，用以提高我国基础教育阶段英语教师的水平。同时，有财力的省份也开始施行本省教师的培训计划。以江苏省为例，该省已经资助数百名小学教师出国留学，有效

提高了该省小学英语教师的素质。其三，引进外籍教师。为了让学生能够在
"活的英语"中学以致用，日本在学校英语教育中探求有效的教育模式，每年
聘请外国教师的经费超过100，000万日元。①其中，以政府名义聘请的以英语
为母语的正规英语教师每年就达1000名以上。与此同时，日本对引进外籍教
师有一定的准入条件，即被引教师往往需要具有教学资格和国外教学经验。
相比较而言，中国聘请的外籍教师不仅数量有限，而且水平良莠不齐。其中
许多人来中国教学的目的是学习汉语及退休后体验异国生活。这些外籍教师
不仅缺乏英语教学素养，而且缺乏英语教学热情，其教学往往处于随意、松
散的状态。有鉴于此，我国不妨借鉴日本经验加强对聘用外籍教师的管理。

（六）注重英语教育与其他学科融合

日本课程标准的一大特色是关注英语学科与其他学科的关系。例如，其
教学建议明确提出利用小学生对艺术等学科方面的兴趣加强英语学科教学，
提高语言教学效果。日本这一做法与其小学英语活动理念一脉相承，活动即
在具体内容、真实场景中体会语言的使用。小学生比较感兴趣的活动之一是
各类艺术活动，通过艺术活动让学生体验英语有助于提高其英语学习和交际
的积极性。再者，现有研究表明基于真实内容的英语教学（Content-based
Instruction）有助于语言习得。日本小学不仅在教学中注重英语和其他学科的
联系，而且在英语教材编写方面同样关注两者的融合。相比之下，我国小学
英语教育虽然已经有十多年历史，但是其关注重点依然是语言文字本身。借
鉴日本经验，建议我国小学英语课程专家、教材编写人员、广大英语教师在
课程设置、教材编写、课堂教学和课程资源开发等环节加强英语学科和其他
学科融合的意识，切实体现英语教学人文性和工具性融合的理念。

---

①刘大伟《中日小学英语教育比较及启示》，《英语教师》2010年第5期。

第八章 中国与澳大利亚小学外语课程标准比较研究

——以澳大利亚维多利亚州为例

一、中澳小学外语课程简介

随着经济全球化和国际化进程的不断深入，各国间的交流日益频繁，外语成为当今社会交往中必不可少的工具。外语教育在学校教育中的地位也显得愈发重要，各国对外语教育的重视程度也不断提高。为了适应新的环境，各国都加大教育改革力度，制定新的外语课程标准。我国外语课程是小学英语课程，而澳大利亚小学外语课程选择了印度尼西亚语（以下简称印尼语）课程。之所以选择印尼语是因为该语言目前是澳大利亚开设的主要外语语种之一。①澳大利亚基础教育按照国家规定必须开设八个核心学习领域，每个领域课程由各个州自行编订。鉴于维多利亚州文化教育历来发达，本文选择该州的印尼语课程标准进行研究。简言之，本文将对中国小学英语课程标准和澳大利亚维多利亚州小学印尼语课程标准进行比较。

---

①罗爱梅《澳大利亚外语教育政策之特点》，《教育评论》2010年第8期。

（一）澳大利亚小学印尼语课程发展历程

1. 21世纪之前的小学印尼语教育

自20世纪50年代起，澳大利亚的学校就开始设置印尼语课程。历史上，澳大利亚印尼语学习需求来自澳洲政府要求，而非当地语言使用者需求。澳大利亚政府曾经制定了很多政策支持印尼语教学，20世纪90年代间，澳大利亚政府颁布了《澳大利亚全国亚洲语言和研究战略》（Nationa Asian Languages and Studies in Australian Schools Strategy）[①]，促进了印尼语在学校教育尤其在基础教育中的发展。印尼语迅速成为澳大利亚学校教育中第三大外语。

2. 21世纪之后的小学印尼语教育

《澳大利亚全国亚洲语言和研究战略》相关政策于2002年终止。然而，2009年，澳大利亚制定了"国家学校亚洲语言与研究计划"（National Asian Languages and Studies in Schools Program）[②]，鼓励学生学习印尼语等亚洲语言。近年来，澳大利亚政府继续对印尼语教学进行投入，这在很多文件和选举演说中都有体现。例如，澳大利亚政府在2012年制定了《亚洲世纪中的澳大利亚》白皮书。

（二）中澳小学外语课程标准设置的背景

1. 中国小学英语课程标准设置的背景

（1）时代和国家发展的要求

中国加入世界贸易组织之后，与其他国家的联系越来越紧密。英语作为世界通用语言，其地位和作用越来越受到国家和人民的重视。小学英语教育作为基础教育，国家对其重视程度不断提升。根据相关要求，小学英语教育不仅要满足国家经济建设和科技发展对人才培养的需求，而且要满足小学生

---

①高战荣、曲铁华《澳大利亚外语教育的特征及启示》，《外国教育研究》2008 年第 5 期。

②王辉《近 20 年澳大利亚外语教育政策演变的启示》，《北华大学学报（社会科学版）》2010年第 6 期。

心智和情感发展的需要。

（2）学科发展的需求

我国基础教育在历经多次课程改革之后已经取得较大成就。自2001年小学开设英语课程以来，国家对小学英语教育的改革和发展工作从未间断过。为了提升我国基础英语教育，教育部于2001年颁发了《全日制义务教育普通高级中学英语课程标准（实验稿）》。此后，经过十年修订工作，于2011年3月基本完成了义务教育阶段英语课程标准的修订任务。

2. 澳大利亚小学印尼语课程标准设置的背景

（1）全球化和社会发展的影响

全球化和国际交流的迅速发展，使澳大利亚认识到文化多样性的重要性。与此同时，亚洲国家的崛起，使澳大利亚意识到应当通过与亚洲国家的交流促进本国经济发展。[①]其中，印度尼西亚由于和澳洲临近，其语言文化开始受到澳大利亚政府关注。

（2）学习需求

澳大利亚维多利亚州的课程标准设计旨在帮助教师和家长满足学习需求。随着教育发展，旧的课程标准已经不能满足学生需求。因此，澳大利亚教育部门制定颁布了新课程标准。

二、课程标准框架比较

（一）中国小学英语课程标准的框架

中国义务教育英语课程标准由以下几部分构成：

第一部分，前言。主要介绍了课程性质、课程基本理念和课程设计思路。课程性质介绍了英语课程工具性和人文性的双重性质。课程基本理念是课程标准制定的主要思想。课程设计思路部分则是英语课程的总体设计思路及其特点。

----

①蔚丽娜《中国与澳大利亚外语教育对比研究：理论、实践及启示》，内蒙古大学硕士学位论文，2014年。

第二部分，课程目标。主要有总目标和分级目标两部分内容。总目标是指学生在义务教育阶段英语课程学习的总体目标，分级目标将义务教育阶段分成五个级别，每个级别各有其分目标。

第三部分，分级标准。按照义务教育阶段英语课程的总体目标要求，课程标准对语言技能、语言知识、情感态度、学习策略和文化意识分别提出了要求，内容标准按照这五个方面提出了各级别相应的要求。

第四部分，实施建议。分为教学建议、评价建议、教材编写建议、课程资源开发与利用四个部分。

第五部分，附录。共有九个附录，分别是语音项目表、语法项目表、词汇表、功能意念项目表、话题项目表、课堂教学实例、评价方式与案例、技能教学参考建议和课堂用语。

（二）澳大利亚小学印尼语课程标准的框架①

第一部分，基本理念。主要介绍了外语课程的重要性和学习语言所带来的优势。

第二部分，目标。主要介绍了学习外语的目标，分为四个方面，分别是交流、社会文化理解、语言意识和一般知识。

第三部分，核心学习领域的结构。主要说明了印尼语是此标准的特定语言项目，并根据学生学习外语的起始年龄分为两个途径，途径一针对的是从入学到十年级都学习同一种外语的学生，途径二适合从七年级开始学习外语的学生。此部分还提供了学习结果的分支、水平说明、课程重点说明。

第四部分，特定问题。主要包括通过维多利亚教育资格认证的途径、拓展性学习结果和指标、职业教育与培训。

第五部分，学习结果概览。主要介绍了途径一和途径二各个水平所需要达到的具体标准和内容。

①丛立新、章燕、吕达编译《澳大利亚课程标准》，北京：人民教育出版社，2005年。

（三）两国课程标准框架的比较

1. 两国课程标准框架的相同点

两国课程标准都包括了基本理念、课程目标和分级标准等主要内容。首先，两国课程基本理念都强调外语学习的作用和重要性。其次，两国总目标均重视语言技能的形成与发展。中国总目标提出发展学生的综合语言应用能力，并将其划分为五个领域：语言技能、语言知识、情感态度、学习策略、文化意识。澳洲印尼语课程标准则将课程目标划分为交流、社会文化理解、语言意识和一般知识四个领域。仔细分析可以发现我国的语言技能、文化意识和语言知识分别对应澳洲课程标准的交流、社会文化理解和语言意识。第三，我国课程标准第三部分分级标准对应澳洲课程标准的第三和第五部分。两国课程标准均将课程目标划分为不同级别，并对各级别需要达到的结果进行描述。就分级标准而言，两国学习阶段虽然不同，但是目标描述都比较详细。中国英语课程标准将小学三至六年级分为一级和二级两个阶段，而澳大利亚维多利亚州的印尼语课程标准将小学一至六年级分为水平二、三、四三个阶段。两国课程标准对各阶段需要达成的目标和学习结果都规定得十分明确。

2. 两国课程标准框架的不同点

两国课程标准的不同点主要在于课程内容与实施建议。对比两国课程内容可以发现除语言技能、语言知识和文化意识之外中国课程标准比澳大利亚课程标准多两项内容——情感态度和学习策略。换言之，澳大利亚课程标准聚焦于语言的工具价值，而中国课程标准兼顾语言的工具价值和人文价值。诚如中国课程标准总目标所述，外语学习不仅要提供学生综合语言应用能力，而且要促进心智发展，提高综合人文素养。与此同时，澳大利亚课程内容则比中国增加了一般知识。此外与澳大利亚印尼语课程标准相比，中国课程标准增加了实施建议，具体说明了教学建议、评价建议、教材编写建议、课程资源开发与利用建议。诚然，澳大利亚印尼语课程标准就相关内容在阶段目标中有所涉及，但是并没有像中国课程标准这样就课程实施进行专门阐述。

三、课程理念比较

(一) 中国小学英语课程的基本理念

中国小学英语课程标准的基本理念主要概括为六个方面：

1. 注重素质教育，充分体现语言学习对学生发展的价值；

2. 面向全体学生，关注语言学习者的不同特点和个体差异性；

3. 整体设计目标，充分考虑语言学习的渐进性和持续性；

4. 强调学习过程，重视语言学习的实践性和应用性；

5. 优化评价方式，着重评价学生的综合语言运用能力；

6. 丰富课程资源，丰富和拓展英语学习的渠道。

(二) 澳大利亚小学印尼语课程的基本理念

澳大利亚小学印尼语课程标准的基本理念主要介绍了外语课程的重要性和学习语言所带来的优势，其内容如下：

外语应用能力和跨文化交际能力对全面融入现代社会非常重要，在不断增长的全球化趋势和澳大利亚文化多样性背景下尤为如此。

学习一种语言为学生提供了以下机会：

1. 与使用这种语言的人交流；

2. 理解语言是如何作为一种系统来运作的，通过比较来理解包括英语在内的其他语言结构和功能；

3. 获得赋予语言以生命和意义的对一种或多种文化敏锐的洞察力；

4. 思考本国文化，并且与使用这种语言的国家、社区文化进行比较；

5. 增长见识；

6. 提高职业预期。

（三）两国课程基本理念的比较

1. 两国课程理念的相同点

两国课程理念的共性有两点。其一，两者均重视外语运用或实践。中国既关注外语学习过程中的实践性和应用性，也重视对学生外语综合应用能力进行评价。与此类似，澳方理念强调学习者与外语使用者进行交流。对外语应用能力的重视体现了两国课程标准对外语工具性的认同。其二，两国课程标准均将外语学习视为个人发展的途径之一。中国课程标准明确提出外语学习对个人发展的价值，而澳大利亚课程标准则强调外语学习可以增长见识，提高职业预期。

2. 两国课程理念的差异性

与上述相似性相比，中澳两国课程理念在导向上存在明显差异。中国课程理念侧重教学过程，理念表述涵盖学习者、教学目标、教学过程、教学评估以及教学资源开发各环节。澳大利亚课程理念则强调外语学习的重要性和意义，尤其关注外语学习对文化意识的作用。与此同时，其课程理念特别提出提高职业预期，体现了外语的工具性价值。

四、课程目标比较

诚如上文所述，中国课程目标是围绕语言技能、语言知识、情感态度、文化意识和学习策略构建学生的综合英语应用能力，促进心智发展，提高综合人文素养。澳大利亚课程目标则围绕交流、社会文化理解、语言意识、一般知识四个方面构建学生的英语应用能力。

中国课程标准将小学英语教学分为两个阶段：三、四年级为一级学段，学生四年级结束时需要达到一级目标；五、六年级为二级学段，学生六年级结束时需要达到二级目标（见表8-1）。

表8-1　中国分级目标

级别	目标总体描述
一级	对英语有好奇心，喜欢听他人说英语。 能根据教师的简单指令做动作、做游戏、做事情（如涂颜色、连线）。能做简单的角色表演。能唱简单的英文歌曲，说简单的英语歌谣。能在图片的帮助下听懂和读懂简单的小故事。能交流简单的个人信息，表达简单的感觉和情感。能模仿范例书写词句。 在学习中乐于模仿，敢于表达，对英语具有一定的感知能力。 对学习中接触的外国文化习俗感兴趣。
二级	对继续学习英语有兴趣。 能用简单的英语互致问候，交换有关个人、家庭和朋友的简单信息，并能就日常生活话题作简短叙述。能在图片的帮助下听懂、读懂并讲述简单的故事，能在教师的帮助下表演小故事或小短剧，演唱简单的英语歌曲或歌谣。能根据图片、词语或例句的提示写出简短的描述。 在学习中乐于参与、积极合作、主动请教，初步形成对英语的感知能力和良好的学习习惯。 乐于了解外国文化和习俗。

　　澳大利亚分级目标侧重于交流，即语言技能的应用，将其表述为"学习结果概览"，分别从听、说、读、写四个维度进行描述。澳大利亚从小学一年级开始设置印尼语，学生到二年级结束时应达到分级目标二，四年级结束时应达到分级目标三，六年级结束时应达到分级目标四（见表8-2）。

表8-2　澳大利亚分级目标

水平	听	说	读	写
二	通过活动、绘画、笑话完成图标、回答问题，理解独立的信息。	对事实性问题做出回答，表达喜欢、讨厌并说出有关自我、朋友、家庭、学校和日常生活的简单描述性信息。	从一页熟悉的文本中读出标记、标题或者三四个句子。	按照例句使用连接词和否定词造四五个句子。

续表

水平	听	说	读	写
三	通过匹配或选择信息完成一个任务或文本,以此来理解包含五六个信息的文章。	在教室环境中进行一些问答,互致问候,交换个人信息,描述一个朋友、性格或日常用品。	阅读不超过十页的文章,每页至少包括三个句子,能识别特定信息,并运用这些信息完成任务或文本。	写一段包含个人信息或记录事实的文本,并给它加上标题。
四	通过互动的口头回答表达对主要信息以及支持性细节的理解。	获取和提供有关人物、场所或事件的事实性信息,表达喜好,完成记录。	识别文体的梗概和顺序,并分类、比较或用另外一种形式重新排列信息的顺序。	写150个词左右的段落,以传递信息、描述一系列事件,撰写或回复书信,写邀请信、宣传页和报告。

(一) 两国课程目标的共性

1. 重视学生综合英语应用能力的发展

两国课程目标均围绕听、说、读、写四项技能对小学外语课程目标进行了全面、细致的表述。注重外语各项技能均衡发展和综合应用,这是中澳两国课程目标的共性之一,体现了外语的工具性导向。

2. 课程目标符合小学生心理发展特征

小学生心理特点为形象思维丰富,乐于直接感知。两国课程目标均包含绘画、玩演等活动,充分体现了儿童的认知特点。此外,小学生视野有限,接触范围以家庭、学校、社区为主。与此相应,两国课程目标涉及的话题基本为家庭、朋友等日常生活信息。就心理发展而言,小学生心理开始由形象迈向抽象,由简单思维迈向复杂思维。两国课程目标在语言形式、语言活动、思维要求方面也由浅入深、循序渐进,从形象逐步上升为抽象。

(二) 两国课程目标的差异

就分级目标而言,澳大利亚课程目标难度总体高于中国。以六年级为例,澳大利亚在听力上要求学生能够对主要信息以及支持性细节的理解，而中国仅仅要求学生根据听力进行简单反应；澳大利亚在口语方面要求学生能够描述事件、完成记录，而中国仅要求学生进行日常简短对话，根据图片等提示进行简单表述，但无记录要求；澳大利亚需要学生阅读时能够识别文体的梗概和顺序并分类，比较或用另外一种形式重新排列信息的顺序，而中国则要求学生能够看懂简单指令、贺卡或根据图片阅读简单小故事；澳大利亚需要学生能够写150个词长度的段落并撰写宣传页或报告等应用性短文，而中国仅需要学生写问候语等简短语句。上述比较清晰地显示出澳大利亚技能标准高于中国标准。究其原因有两点：其一，中国从小学三年级才开设英语课，而澳大利亚则从小学一年级就开设外语课。学习年限的增加无疑会提高学生语言技能。其二，我国属于单语言环境，学生在课堂以外基本接触不到英语，而澳大利亚属于多语言环境，学生在课堂以外可以较多地接触所学外语。外语接触机会的增多，既能提高学生语言水平，同时需要课程标准增加语言技能的难度标准。

此外，与中国课程标准相比，澳大利亚不仅重视语言交流技能，而且重视语言思维技能。诚然，中国课程标准在课程性质中提出英语教学具有促进学生思维能力的价值，但是课程目标中缺乏相应表述。近年来，国内学者开始关注英语教学中的思维训练问题，这从一个侧面反映了中国学生英语学习过程中思维能力的不足。相比之下，澳大利亚课程比较重视思维训练。例如，六年级课程目标中的"理解主要信息和支持性信息"与"排列信息顺序"等内容均涉及思维训练。语言是思维的基础，思维以语言为载体对信息进行分析和处理。换言之，语言既是交流的工具，也是思维的工具。澳大利亚课程目标兼顾语言交流和语言思维，是对外语工具性的充分体现。

五、课程内容比较

中国小学英语课程内容包括语言技能、语言知识、情感态度、学习策略和文化意识等五个方面，课程总目标和课程分级目标均围绕这五个维度展开。

语言技能是语言运用能力的直接体现，主要包括听、说、读、写四个方面；语言知识是语言技能的基础，指关于语音、词汇、语法、功能和话题方面的陈述性知识；情感态度指动机、兴趣、自信心等影响英语学习过程和结果的情感因素；学习策略指与英语学习相关的认知策略、元认知策略、交际策略和资源策略等；文化意识指关于目标语文化的意识以及对于本国文化的理解。仔细分析可以发现语言技能和语言知识属于外语工具性范畴，情感态度、文化意识和学习策略在一定程度上属于外语人文性范畴。换言之，中国课程内容兼具工具性和人文性。

澳大利亚的小学印尼语课程内容包含四个方面：交流、社会文化理解、语言意识、一般知识。

1. 交流：学生学习外语是为了在不同语境下使用外语，进行交流，拓展社会交往。

2. 社会文化理解：在学习有效使用语言的过程中，学生学会理解这种语言的文化背景和这种语言中人们的价值观和社会实践，并且通过和自己的母语和文化进行比较，认识多种看待世界的方式。

3. 语言意识：学生学会理解语言的运作方式。

4. 一般知识：在学习另一种语言的过程中，学生获得有关其他核心学习领域引申出的一系列概念，并与之建立联系。

分析中澳小学外语课程标准可以发现两国标准的内容有较多相同之处。就实质而言，澳大利亚课程标准中的交流、语言意识和社会文化理解分别对应中国课程标准中的语言技能、语言知识和文化意识。

两国课程内容仍存在明显差异。中国课程标准包含学习策略和情感态度，而澳大利亚课程标准没有对应内容。对此，上文已经有阐述，这里不再赘述。与中国课程内容相比，澳大利亚课程标准增加了一般知识，即在学习另一种语言的过程中，学生能获得从有关其他核心学习领域中引申出的一系列概念，并与之建立联系。根据定义，所谓一般知识其实是指利用外语在一定程度上进行其他学科内容的学习。程度较轻者体现为CBI（Content-based

Instruction），即基于内容的语言教学；程度较重者体现为双语学习，即直接利用外语进行其他科目知识的学习。学习外语不仅能进行一般交流，能进行文化沟通，而且能获取学术性知识，即利用外语这一媒介获取科学、社会以及人文学科领域的知识，这是外语工具性的直接体现。与澳大利亚课程标准相比，中国课程标准尚未将一般知识纳入内容体系。换言之，中国课程标准将外语学习的价值依然限定为一般交流、文化沟通，尚未深入学术领域。对一般知识的态度不同是两国课程内容的重要差异。

六、课程实施建议比较

中国小学英语课程标准的实施建议包括教学建议、评价建议、教材编写建议以及课程资源开发与利用建议。澳大利亚课程标准并未对实施建议进行单独阐述，只有其他部分对教学建议有所涉及。有鉴于此，下文对两国课程标准的教学建议略作比较。

中国小学英语课程标准的教学建议如下：

1. 面向全体学生，为每个学生学习英语奠定基础；

2. 注重语言实践，培养学生的语言应用能力；

3. 加强学习策略指导，培养学生自主学习能力；

4. 培养学生的跨文化交际意识，发展跨文化交际能力；

5. 结合实际教学需要，创造性地使用教材；

6. 合理利用各种教学资源，提高学生的学习效率；

7. 组织生动活泼的课外活动，拓展学生的学习渠道；

8. 不断提高专业水平，努力适应课程的要求。

另外，针对教学建议的内容，中国的小学英语课程标准还在附录中列举了教学实例以供教师参考和理解。

澳大利亚印尼语课程标准相关教学建议散见于课程任务和文本中。例如，在水平二阶段，给教师建议的任务是让学生分组活动，如共同协作，全班朗读，向其他同学大声读出问题请他们回答等。

总体而言，中国小学英语课程的教学建议涵盖范围广，既关注全体学生的发展和跨文化交际意识的培养，也关注教学资源和教材的利用；既关注教学实践，也关注作为教学前提的教师发展。类似全面的建议在澳大利亚印尼语课程标准中都未涉及。此外，中国小学英语课程的教学实例条理比较清晰，课程标准附录列有详细的教学实例。这部分内容和澳大利亚印尼语课程标准中的课程任务和文本有些相似。然而，中国课程标准的教学实例包含教学全过程，内容丰富，条理清晰。相比之下，澳大利亚课程标准中的教学建议略显笼统、零散。

七、澳大利亚小学外语课程标准对中国的启示

（一）小学英语课程开设时间因地制宜

目前，我国小学英语开设时间一般定于三年级。然而，我国国土辽阔，各地区发展存在较大差异，欠发达或不发达地区开设小学英语缺乏条件，因此不宜采用一刀切的形式。发达城市、重点学校的英语教育资源和教育水平较高，不妨借鉴澳大利亚课程经验，让具有条件的学校从小学一年级就开设英语课程。再者，相关研究表明，如果处理得当，外语学习对于母语学习不会产生影响。小学生尤其低年级小学生具有语言学习关键期的心理特点，此时进行外语教学有利于其语言发展。澳大利亚课程分级目标显示，如果从小学一年级开设外语课程，小学六年级时学生已经具备较高的英语综合应用能力。在这一点上，澳大利亚的经验可以带给我们启发。

（二）小学英语课程应当重视思维能力的发展

中澳两国课程内容差异之一是澳大利亚课程比较重视小学生的思维发展。思维发展体现为对信息的心理操作。澳大利亚课程标准明确提出了对信息的分类和排序、对主要信息和支持性信息的区分。凡此种种有助于提高学生的思维能力，尤其是抽象思维能力。与澳大利亚课程相比，我国课程标准尽管提出了英语的思维工具性这一命题，但是相关阐述略显单薄。小学生正在从形象思维迈向抽象思维，从简单思维迈向复杂思维，利用英语课程教学发展

小学生的思维能力正当其时。因此，我国可以适当借鉴澳大利亚课程经验，在关注小学生综合英语应用能力的同时，切实关注其思维的发展。

（三）小学英语课程应当融合其他学科知识

我国小学英语教育仅仅注重单科教学，而澳大利亚在课程目标中提到一般知识，即在外语学习过程中，学生获得有关其他学习领域的概念并与之建立联系。将英语教学与其他学科知识学习进行融合有三大优点：其一，提高兴趣。借助外语学习其他学科概念有助于学生理解外语学习的意义，从而增强其外语学习动机。其二，开阔视野。通过外语学习来学习其他学科知识，可以扩大学生的知识面，这有助于学生对其他学科知识的学习。其三，促进习得。语言学习分为两种基本形式：学习（learning）和习得（acqusition）。前者指学习关于语言的知识，即语言陈述性知识的学习过程，后者指在语言运用过程中自然习得语言技能。外语教学应当将两者融合起来，既重视语言教学，也重视语言习得。其中，语言习得的重要途径之一是通过学习其他学科知识进行外语学习，即进行CBI教学或基于内容的语言学习。澳大利亚将其列为四大课程目标之一，由此可见其外语教学对CBI教学效果的认同和重视。相比之下，我国课程标准在这方面明显不足。我国可以适当借鉴澳大利亚课程经验，在一定程度上考虑外语教学和其他学科知识学习的融合。这既可以促进学生综合英语应用能力的发展，也能在更广的范围内、更高的程度上实现英语学习的人文价值。

第九章 对我国小学英语课程标准的思考
——基于同国际小学英语课程标准的比较

一、英语课程标准应当体现英语学科特色

我国2011年版课程标准明确指出，英语兼有工具性和人文性。前者指通过发展听、说、读、写各项技能培养学生与人交流的能力，促进思维的发展。换言之，英语是交流和思维的工具。后者指学生通过英语学习开阔视野，丰富经历，培养爱国主义精神，形成良好的人生观和价值观。新中国成立初期，我国课程标准仅仅关注英语的工具性，近年来开始关注人文性，这是我国英语课程标准的一大进步。仔细分析可以发现，2011年版课程标准从目标、内容到实施处处体现出浓厚的人文色彩，这集中体现在课程内容的结构中。我国英语课程内容包含五个方面：语言知识、语言技能、情感态度、学习策略和文化意识。其中，情感态度、学习策略和文化意识属于人文属性。课程标准各板块在表述篇幅上均兼顾上述三个人文属性。诚然，人文属性是语言学科的属性之一，课程标准对此应当予以体现，但是与此同时课程标准应当说明并体现人文性和工具性之间的关系。两者是完全并列，抑或有主次之分？比较我国课程标准与其他国家课程标准可以发现，许多国家在标准叙述上明显倾向于英语的工具性。例如，芬兰、加拿大、南非、韩国、泰国和澳大利亚诸国的课程内容均不包括情感态度和学习策略。英语学习离不开情感和策

略，但是从上述诸国的课程表述看，它们均将情感和策略视为英语学习的伴随属性或内容，而非和语言知识、语言技能并列的内容。这一点尤其体现于韩国的做法。该国课程性质同样提出英语具有工具性和人文性，但是其课程内容、教学方法和评价三个板块基本描述的都是语言技能和语言知识，并未对情感和策略进行单独详细的描述。由此可见，诸国在认可英语人文性的同时，对其与工具性的关系有所区别，即工具性为本，人文性为辅。

归根结底，语言是交流和思维的工具，这是语言的本体属性。①语言固然具有人文属性，即具有开阔视野、培养人生观和价值观的功能，但是几乎所有人文学科均具有这一功能，甚至自然科学在一定程度上也具有人文价值。从这个意义上讲，人文性并非语言区别于其他学科的本体属性。我国现代课程标准之所以比较注重人文性与历史传统，这和英语的外语地位不无关联。一方面，我国英语教学长期以来仅关注工具性，不注重人文性，有厚此薄彼之嫌；另一方面，英语在我国属于外语，缺乏英语作为工具的使用环境。有鉴于此，最新课程标准非常关注英语的人文价值。但是，这不应当冲淡作为英语学科特色和本体价值的工具性。

语言的基本功能是交流。我国英语学习的最大弊病是考试目标至上，学生英语学习的目的就是应付标准化考试，这在教学实践中以记单词、学语法为主，忽略了表达能力的培养，导致了"哑巴英语"的学习结果。要避免这种情况，课程目标应体现语言的工具性。英语首先是交流的工具，我们学习英语就是要通过掌握这种工具获取信息，实现交流的目的。然而，现实是我国学生经过多年英语学习之后，许多人耳不能听、口不能言、手不能写、阅读能力和阅读量也比较有限。以口语为例，在参加雅思考试的40个主要国家和地区中，我国考生的口语成绩始终不佳。这需要我们从小学生学习英语开始就重视语言的实用性。因此，英语课程标准在关注人文性的同时，应当给

---

①王骏、陆军《多层次心智技能视域下的英语思维"工具性"》，《北京第二外国语学院学报》2015年第8期。

予英语工具性足够的重视，认识到工具性才是英语的学科特色所在。

二、英语课程可以借鉴CBI教学模式加强与其他学科的联系

我国课程标准在表述课程性质时提出，英语的工具性在于为今后用英语学习其他相关科学文化知识奠定基础。这句话表明了英语课程与其他学科之间的关系。但是"今后"一词意味着这种关系是滞后的，即先学习英语，后学习其他学科知识。然而，加拿大、泰国、日本和澳大利亚外语课程标准显示，这几个国家在小学阶段就开始注重外语课程与其他学科的融合。泰国《核心课程（2008）》充分体现了外语学习与其他学习领域的连贯。泰国在其基础教育核心课程标准中强调外语对其他科目的作用，即学生可以用外语阅读、讨论或分析从其他学科中学到的技能，从而扩展获取知识的渠道。不仅泰国，加拿大、日本和澳大利亚课程标准同样重视外语和其他学科之间的横向联系。加拿大要求小学生学会用外语阅读其他学科摘要；日本在教学建议中明确提出利用艺术等课程加强学生学习英语的兴趣，同时在教材编写方面注意两者融合；澳大利亚在课程目标中提出一般知识，即让学生在外语学习过程中获得其他学科的概念并与之建立联系。

用外语学习其他学科知识理论上属于双语教学的范畴。目前，全球外语教学大致可以分为两种模式：将外语作为独立课程和在其他学科学习过程中习得外语。前者称为滴注式（drip-feed）教学模式，后者称为双语教学（bilingual）模式。[1]前者通常将外语作为独立课程，每周开设若干课时，属于显性的外语教学模式；后者旨在让学生在学习其他学科概念或内容的过程中自然习得外语，属于隐性的外语教学模式。双语教学模式由于地域文化的差异存在种种细分模式，其中在英语国家以外广泛使用的模式为CBI（Content-based Instruction），即基于内容的语言教学模式。加拿大、泰国、日本和澳大利亚的外语课程标准或多或少含有CBI色彩。相比之下，我国的小学英语教学

---

① Colin Baker & Wayne E. Wright. Foundations of Bilingual Education and Bilingualism (6th Edition)，UK: Short Run Press Ltd. 2017.

则属于标准的滴注式外语教学。相关研究表明，滴注式外语教学常常难以获得理想的效果，而CBI教学常常能取得较好的外语教学效果。究其原因有三点：其一，CBI教学能够提高学生学习外语的动机。学习外语的主要目的在于交流，即运用外语工具获取知识、表达思想。小学生如果能够通过外语学习其他学科知识概念，这无疑有助于增强其外语学习动机。其次，CBI教学有助于语言习得。外语学习具有学得和习得两种方式，前者指有意识、有计划地学习语言知识，后者指学习者在真实交际中自然习得语言的过程。①学习其他学科知识可以为学生提供真实的外语习得语境，这正是CBI教学的优势所在，它可以促进学生对语言的自然习得，将语言知识转化为具有广泛迁移性的语言技能，从而最终获得综合语言运用能力。第三，CBI教学有助于丰富学生经历，开阔学生视野。CBI教学可以让学生在母语之外运用外语工具获取其他学科的概念和知识。外语（尤其英语）常常能够给学生提供不同的经历或情感体验，提供国外最新知识或对现有知识的不同视角。凡此种种可以开阔学生视野，从而发挥外语的人文价值。综上所述，我国课程标准在滴注式外语教学模式以外，可以适当借鉴加拿大、泰国、日本、澳大利亚的经验，适当采用CBI教学模式，加强与其他学科的联系或融合。

三、英语课程应当重视语言的思维工具性

我国课程标准在论述英语工具性时提出英语课程承担着培养学生思维能力的任务。换言之，英语不仅具有交流工具性，而且具有思维工具性。然而，我国课程标准除以上表述以外，在其他部分并未对英语的思维工具性予以足够重视。加拿大和澳大利亚则不然，这两国课程标准对于发展学生的思维均有清晰论述。加拿大课程标准对于语言各项技能均提出一定的思维要求。其听力要求学生能够运用不同笔记策略追踪主要和支撑观点，并对正在进行的

---

① 王骏、陆军、于华《英语文献阅读中"注意"语言形式对学术英语的习得影响》，《外语与翻译》2017年第2期，第69—75页。

谈话进行评论和质疑；口语要求对别人观点进行思考，对自身观点进行辩护；阅读时需要学会对阅读材料进行推测、监测和提问；写作时学会对主要观点进行分类、排序。澳大利亚课程标准则要求学生阅读时能够识别文体梗概和顺序，进行分类、比较并对信息进行排序；表达时（口语和笔头）要求学生能够表达对主要信息和支持性细节的理解。仔细分析上述内容可以发现，它们均非在语言符号层面上进行操作，而是在概念层面上进行操作。作为语言，英语属于心智技能的范畴。所谓心智技能，指个体运用已有知识经验，通过练习形成的智力动作方式系统。①依据加涅（Gagne）的多层次心智技能理论，英语可以分为两个层次：基础心智技能和高级心智技能。前者以语言符号为操作对象，以获得概念为结果；后者以概念为操作对象，以获得意义的完形为结果。②英语作为外语或第二语言与母语之间的区别主要存在于语码或符号层面。阅读听力时需要解码，口语写作时需要编码，这属于基础心智技能的范畴。然而，一旦超越符号层面，进入思维或概念操作层面，母语与外语之间并无多少区别。语言符号在编码解码之上的高层次认知能力是跨语言的，可以在不同语言之间迁移。换言之，第一语言教学过程中形成的思维能力可以迁移到第二语言，同样第二语言学习过程中形成的思维能力也可以迁移到第一语言。③这从理论上证明外语学习时培养形成的思维能力和母语一样可以促进个体思维能力的发展。有鉴于此，我国课程标准不仅应当在课程性质中说明外语和思维的关系，而且应当将其切实纳入课程目标、课程内容和课程实施过程中。

---

①陈琦、刘儒德《当代教育心理学》，北京：北京师范大学出版社，2007年。

②王骏、陆军《多层次心智技能视域下的英语思维"工具性"》，《北京第二外国语学院学报》2015年第8期。

③Colin Baker & Wayne E. Wright. Foundations of Bilingual Education and Bilingualism (6th Edition)，UK: Short Run Press Ltd. 2017.

四、课程标准应当兼顾统一性和灵活性

我国课程标准经历了从教学大纲到课程标准的转变。前者由于规定太细，统一太严，缺乏灵活性而被放弃。课程标准在内容的表述上倾向于宏观指导，给课程实施预留了较大空间。

然而，仔细对比我国与其他国家课程标准可以发现我国课程标准在某些表述上过于笼统。宏观、抽象的课程标准可能会丧失对课程实践的指导价值。在这方面，南非和韩国可以带给我们启示。南非小学英语课程标准最显著的一个特点就是信息量大，涉及面广，表述详细具体。其课程标准包括各个阶段所学内容，各年级展开的维度，不同年级、不同学期的教学目标与内容，详细具体的时间安排，文本使用情况，教学评估，等等。同时，为了便于使用者理解与把握，课程标准对各领域不同子目标做了进一步说明。韩国则在教学和评价建议中针对听、说、读、写各项具体技能的教学和评价进行了比较清晰的说明。课程制定者和课程执行者不同，前者往往具有深厚的课程理论功底，而后者理论功底相对薄弱。课程标准过于宏观抽象，不利于课程执行者（尤其是教师）理解和实施，这将削弱课程标准的实际指导作用。因此，我国课程标准应当针对部分笼而统之的内容进行细化，增强其可操作性。

与此同时，课程标准详实并不意味着课程标准可以不顾地方差异。相反，它应该根据一个国家不同地区的历史、文化、社会发展情况体现出分类指导的思想，因地制宜，因人而异，这样才能具有真正的指导意义。中国地大物博，民族众多，不同省份和地区英语教学现状存在很大差异。例如，上海经济发达，教育水平较高，作为国际大都市具有得天独厚的英语教学和运用环境。相比之下，我国中西部地区经济教育落后，教学条件和教学资源存在明显不足，甚至小学英语课堂教学有时候都不能有效进行。有鉴于此，我国课程标准在进行统一指导的同时应当灵活可适，给具体课程实施留下调整的空间。在这方面可以适当借鉴芬兰经验。受其信任文化的影响，芬兰教育当局或学校可以在国家核心课程框架结构内针对地方、学校和学科特色构建多样

化、个性化课程，其小学英语课程标准给教师的教学提供了较多空间与弹性。泰国经验同样值得学习。泰国《核心课程（2008）》在"课程原则"部分明确指出，课程要有利于权力下放，鼓励社会参与教育活动，以符合实际情况和当地需求。①其课程标准一方面从宏观上引导各教育区、各教育机构、各学校的外语教学，另一方面充分考虑各地实际情况，要求各教育区标准在与国家课程标准总体协调的前提下，根据学生情况灵活处理。鉴于上述经验，我国课程标准应当兼顾统一性和灵活性，既对全国小学英语的课程实施进行统一指导，也给各地区、各学校甚至各教师留下宽松的执行空间，唯有如此才能切实发挥课程标准的指导作用。

五、英语课程应当加强"真实性"教学资源建设

英语在我国属于外语，学生真正使用英语的机会相对较少。因此，教育部门应当积极创造机会让学生在真实的环境中使用英语。"真实性"是外语交际教学法的重要概念。相关理论认为，外语学习者唯有出于真实目的，在真实环境中对所用语言具有真实体验，才能真正习得目标语言。②

由此可见，语言习得必须通过真实语言交际活动的体验。换言之，外语教学应当加强与生活世界的联系。在这方面，芬兰和泰国做得比较成功。芬兰小学英语课程从一、二年级的"日常生活""当前的环境""家庭和学校"过渡到三至六年级的"农村和城市生活"，这体现了语言学习与日常生活的联系。利用生活资源学习外语是芬兰英语学习的重要方式。泰国《核心课程（2008）》鼓励学生在学校、社区及社会各种场合中使用英语，把英语作为进一步学习、工作及与世界交流的基本工具。在课堂外，泰国学生利用生活中的各种机会不断提高语言技能，加深文化理解。通过语言技能的广泛应用，

---

①泰国教育部《2008年基础教育核心课程》，曼谷：泰国农业合作社社区有限公司印刷场，2008年。

②Richards J.C.& Rodgers T.S. Approaches and Methods in Language Teaching. Beijing: Foreign Language Teaching and Research Press，2008.

学生们获得语言学习的动力，同时发展了参与全球共同体的终身兴趣。

相比较而言，中国《义务教育英语课程标准（2011年版）》对课堂英语教学提出了明确、清晰的规定，而对英语在课堂外的应用重视不够。究其原因，我国课堂外真实英语应用环境不足。在这一点上，同为外语环境的韩国、日本值得我们学习。韩国政府斥巨资建立"英语村"，给学生提供仿真英语环境，从而使学生获得类似浸入式双语教学的环境。日本通过ICT（Information and Communication Technology）技术帮助学生在网上与外国小朋友用英语交流，就某一课题进行网络讨论与学习，学生们一般通过模拟的活动练习英语。由此可见，外语环境并非绝对。我国可以借鉴韩国经验为学生创建全英文浸入环境，或借鉴日本经验通过互联网让学生在线感受语言使用的真实环境。虽然外语环境能够提供的真实交际比较有限，但是语言习得离不开真实的语言交际。我国传统英语教学仅仅注重语言知识的传授，轻视学生真实语用能力的获得。随着国际全球化的趋势，学生认识到英语知识已经不能满足时代需求，更重要的是让学生将语义知识转化为语用能力，学会在真实环境中正确、恰当地使用英语。[1]我国小学英语课程标准中提出开发课程资源建议，具体表现为教材资源、学校资源、网络资源和学生资源。[2]尽管如此，许多建议尚未实施。如今，互联网技术日益发达，已经能够在很大程度上提供多模式真实语境。我们应当充分挖掘一切可用的课程资源给学生提供线上、线下的真实语言应用环境，加强与生活的联系，引导学生切实形成英语语言应用能力。

六、课程实施应当加强国际化师资队伍建设

我国课程标准的特色之一是注重教师专业化发展。其中，教学建议一栏

---

[1]陆杨《新课程标准下小学英语教师加强综合素质培养的研究》，《现代阅读》2012年第4期。

[2]中华人民共和国教育部《义务教育英语课程标准（2011年版）》，北京：北京师范大学出版社，2012年。

对此进行了专门讨论，提出教师应当更新学科专业知识，不断积累学科教学经验，开展教学反思。通过中外比较可以发现，我国虽然对教师专业化发展提出了要求，但是对具体发展途径论述不足。在这一点上，日本、韩国两国提出了比较具体的发展途径。例如，韩国教师需要接受十一所教育大学、韩国教员大学初等教育系硕士班以及梨花女子大学初等教育系提供的小学英语培训课程，教师需要接受基础进修和深化进修课程等；日本英语教师必须通过英语语言能力测试，一般而言要通过TOEIC（730 分）、STEP（The Society for Testing English Proficiency）、TOEFL（550 分）等能保证信度和效度的大型考试。除这些措施外，韩日两国有一项共同举措：提高师资国际化水平。韩国一方面引入具有教师资格的英语母语人士作为英语教师；另一面，选派优秀小学英语教师利用寒暑假到国外进修。日本以政府名义聘请的以英语为母语的正规英语教师每年就达1000 名以上，进行Team-teaching 教学。近年来，我国在提高小学英语教师国际化方面也做了一些工作。在教育部支持下，中国国家留学基金管理委员会和国家基础教育实验中心外语教育研究中心联合设立了中小学优秀外语教师出国留学奖学金项目，每年计600 万元，用以提高我国基础教育阶段英语教师的水平。同时，有财力的省份也开始施行本省教师的培训计划，如江苏省在此方面已做出表率，该省的中小学教师出国留学计划已帮助数百名小学教师出国留学，有效提高了该省小学英语教师的素质。尽管如此，我国小学英语师资建设方面还存在诸多问题。首先，量不足。相比庞大的小学英语教师群体，目前国际化师资占比偏少。其次，质不足。我国对外教的选聘没有严格的政策要求，所聘请的外教中具有正规出国教育资历证书的人数极少，多数外教来中国教学的目的是学习汉语及退休后体验异国生活。与此同时，我国外派教师中部分教师抱着出国旅游的心态，未能踏踏实实在国外学习先进的英语教学理论和经验。在这方面，我们不妨借鉴韩国、日本经验，切实提高小学英语教师国际化发展内涵，还可以在课程标准中适当体现相关内容，以便对国际化师资发展提供指导。

以上就我国课程标准中存在的主要问题进行了思考，除此以外在增强文化意识、小学英语教学以及发挥教师主导作用等方面，我国课程标准还可以借鉴他国经验予以完善。与此同时，应当认识到课程标准处于动态变化之中。随着课程理论的发展、社会与教育环境的发展、中外课程实践的发展，课程标准需要与时俱进，以适应不断发展的环境。在此过程中，我们既要进行纵向比较，即我国课程标准的历史比较，也要进行横向比较，即课程标准的国内外比较。唯有如此，才能全方位提升我国小学英语课程标准的内在科学性和外在实施效果。

参考文献

（一）主要参考著作

[1] 曹一鸣等《十三国数学课程标准评介（小学初中卷）》，北京：北京师范大学出版社，2012年。

[2] 陈琳、王蔷、程晓堂《义务教育英语课程标准（2011年版）解读》，北京：北京师范大学出版社，2012年。

[3] 陈琦、刘儒德《当代教育心理学》，北京：北京师范大学出版社，2007年。

[4] 李良佑、张日昇、刘犁《中国英语教学史》，上海：上海外语教育出版社，1988年。

[5] 王才仁《英语教学交际论》，桂林：广西教育出版社，1999年。

[6] 丛立新、章燕、吕达编译《澳大利亚课程标准》，丛立新、章燕主编译，北京：人民教育出版社，2005年。

[7] 王承绪、赵祥麟编译《西方现代教育论著选》，北京：人民教育出版社，2001年。

[8] 1963年《全日制中学英语教学大纲（草案）》，课程教材研究所编《20世纪中国中小学课程标准·教学大纲汇编 外国语卷（英语）》，北京：人民教育出版社，2001年。

[9] Bloom B.S. Taxonomy of Educational Objectives: The Classification of Education Goals. New York: Longmans, Green. 1956.

[10] Colin Baker & Wayne E. Wright. Foundations of Bilingual Education and Bilingualism (6th Edition), UK: Short Run Press Ltd. 2017.

[11] Richards J. C & Rodgers T. S. Approaches and Methods in Language Teaching. Beijing: Foreign Language Teaching and Research Press, 2008.

（二）主要参考论文

[1] 曹亚民《新〈英语课程标准〉的特点及实施对策》，《江苏教育学院学报（社会科学版）》2001年第11期。

[2] 陈洪涛、陈丽桦《芬兰学生的高阅读能力从何而来》，《基础教育参考》2008年

第2期。

　　[3] 陈静《芬兰外语教育的特点分析》，《教学与管理》2009年第5期。

　　[4] 陈钧、韦启卫《中泰英语教师语言学习信念比较研究》，《黔南民族师范学院学报》2012年第4期。

　　[5] 金春子《中韩小学英语教师培训比较研究》，延边大学硕士学位论文，2010年。

　　[6] 陈力《义务教育英语课程标准（2011年版）的新发展》，《中小学管理》2012年第4期。

　　[7] 崔允漷《国家课程标准与框架的解读》，《全球教育展望》2001年第8期。

　　[8] 邓德权《〈英语课程标准〉（实验稿）的两大问题》，《基础教育外语教学研究》2005年第8期。

　　[9] 方勤华《近年来我国课程评价研究的现状及其发展趋势》，《河南大学学报（社会科学版)》2008年第6期。

　　[10] 高战荣、曲铁华《澳大利亚外语教育的特征及启示》，《外国教育研究》2008年第5期。

　　[11] 高中萍《中韩小学英语教材内容比较研究》，温州大学硕士学位论文，2011年。

　　[12] 洪美玉《探究英语课程标准》，《新课程》2012年第1期。

　　[13] 刘大伟《中日小学英语教育比较及启示》，《英语教师》2010年第5期。

　　[14] 龙秀《民主南非基础教育课程改革研究》，浙江师范大学硕士学位论文，2013年。

　　[15] 陆杨《新课程标准下小学英语教师加强综合素质培养的研究》，《现代阅读》2012年第4期。

　　[16] 蒋大丽《沪港小学英语课程标准比较研究》，上海师范大学硕士学位论文，2010年。

　　[17] 马公圣《英语课程标准品质研究》，徐州师范大学硕士学位论文，2011年。

　　[18] 彭伟强《当代国外外语课程变革之经验及其借鉴》，《基础教育外语教学研究》2002年第1期。

　　[19] 孙扬扬《日本小学英语教育的启示》，《海外英语》2013年第13期。

　　[20] 汪春明《预设与生成——关于课程目标的研究》，华中师范大学硕士学位论文，2004年。

[21] 王栋《新世纪韩国基础英语课程改革及启示》，《山东师范大学外国语学院学报（基础英语教育）》2010年第4期。

[22] 王栋《韩国中小学英语教学改革与发展述评》，《外国中小学教育》2010年第3期。

[23] 王辉《近20年澳大利亚外语教育政策演变的启示》，《北华大学学报（社会科学版）》2010年第6期。

[24] 王骏、陆军《多层次心智技能视域下的英语思维"工具性"》，《北京第二外国语学院学报》2015年第8期。

[25] 王骏、陆军、于华《英语文献阅读中"注意"语言形式对学术英语的习得影响》，《外语与翻译》2017年第2期，第69—75页。

[26] 王蔷《面向21世纪义务教育阶段外语课程改革的思考与意见（上、下）》，《中小学外语教学》1999年第7期。

[27] 王蔷《深化改革理念提升课堂质量》，《课程教材教法》2012年第1期。

[28] 王淑杰《韩国小学英语师资培训措施及其启示》，《中小学教师培训》2008年第12期。

[29] 王悦芳《芬兰基础教育改革的逻辑和理念》，《外国中小学教育》2009年第6期。

[30] 蔚丽娜《中国与澳大利亚外语教育对比研究：理论、实践及启示》，内蒙古大学硕士学位论文，2014年。

[31] 翁巧玲《中韩小学英语课程标准比较研究》，扬州大学硕士学位论文，2013年。

[32] 吴斌《信息化在小学英语教学中的渗透》，《科学大众·科学教育》2013年第1期。

[33] 许江媛《加拿大公共教育发展史研究》，华东师范大学博士学位论文，2007年。

[34] 姚凌《打造英语浸入式教学中心——韩国英语教育新举措》，《基础教育参考》2006年第3期。

[35] 曾达之《中国与韩国中小学英语课程标准比较》，《河池学院学报》2010年第2期。

[36] 张海波《现代韩国义务教育阶段英语教育课程目标及内容的演进研究》，延边大学硕士学位论文，2011年。

[37] 张航《浅析韩国英语教育制度改革的启示》，《湖北函授大学学报》2009年第2

期。

　　［38］　张明芝《关于实施〈英语课程标准〉的几点思考》，《科协论坛》2007年第1期。

　　［39］　张小情《北欧四国中学生英语技能测试成绩分析及启示》，《课程·教材·教法》2008年第2期。

　　（三）其他参考文献

　　［1］芬兰官方数据统计.学生的科目选择 2013 ［EB/OL］.http://www.stat.fi/til/ava/2013/02/ava_2013_02_2014-05-23_en.pdf.

　　［2］芬兰国家教育委员会.基础教育1998 ［EB/OL］.http://www.finlex.fi/en/laki/kaannokset/1998/en19980628.pdf.

　　［3］芬兰国家教育委员会.基础教育国家核心课程2004 ［EB/OL］.http://www.oph.fi/english/curricula_and_qualifications/basic_education:P12.

　　［4］芬兰国家教育委员会.芬兰教育 ［EB/OL］.http://www.oph.fi/download/124278_education_in_finland.pdf:P2.

　　［5］韩国教育科学技术部《小学教育课程解说（5)》，首尔：教育科学技术部，2008年。

　　［6］泰国教育部《2008年基础教育核心课程》，曼谷：泰国农业合作社社区有限公司印刷场，2008年。

　　［7］文部科学省http://www.mext.go.jp/a_menu/shotou/shotou/gaikokugo/index.htm.

　　［8］中华人民共和国教育部《义务教育英语课程标准（2011年版)》，北京：北京师范大学出版社，2012年。

　　［9］ Curriculum and Assessment Policy Statement (CAPS): Foundation Phase Grades 1-3, English first additional language, Republic of South Africa: Department of Basic Education, 2012, P.6-P.7.

　　［10］ Curriculum and Assessment Policy Statement (CAPS): Intermediate Phase Grades 4-6, English first additional language, Republic of South Africa: Department of Basic Education, 2012, P.95-P.108.

　　［11］ The Ontario Curriculum French as a Second Language：Core French Grades 4-8, Extended French Grades 4-8, French Immersion Grades 1-8, 2013, P.9-P.23.